JN075285

AWAKEN THE LION WITHIN...ACHIEVE MIRACLES

David Galbraith
(Mental coach)

ライオンよ 目を覚ませ…奇跡をおこせ

デイブ（デイビッド・ガルブレイス氏）が来て、
チームの精神力は60％UPした！

リーチマイケル 選手

デイブがいなかったら、
活躍できていたかわからない――

田村優 選手

「先祖を知れ」の言葉で、
自分以上の存在になれた！
姫野和樹 選手
恐怖を無理に取り除こうとせず、
おのれと向き合え！
ラファエレティモシー 選手
© 齋藤龍太郎（楕円銀河）

© 産経ビジュアル

デイブが、
チームに自信を取り戻した！

ジェイミー・ジョセフ HC

© 齋藤龍太郎（楕円銀河）

ラグビー日本代表コーチが教える
「強い心」の作り方

才能を解き放つ 勝つメンタル

ラグビー日本代表メンタルコーチ
デイビッド・ガルブレイス
坂間亮弘訳文

マガジンハウス

PROLOGUE まえがき

勇者の「ライオン」か、臆病者の「羊」か

私がラグビー日本代表のメンタルコーチとなったのは、ワールドカップイヤーの2019年3月です。

ジェイミー・ジョセフ（現・日本代表ヘッドコーチ）とは2009年に仕事で一度会う機会があり、お茶を飲みながら会話したことがありました。彼の素晴らしさは共通の友人であるデイブ・レニー（現・オーストラリア代表ヘッドコーチ）を通して聞いていました。私はジェイミーと話しながら、「いつかこの人と良い仕事をするだろう」となぜかそんな感覚を持ったのを覚えています。

それから数年後、ジェイミーから日本代表のメンタルコーチ就任の打診がメールでありました。私はそれに対して「2009年にお茶をしたのを覚えている？」と返信したところ、ジェイミーは「イエス」と返してきました。

私の「ブレイブ・ブロッサムズ（BRAVE BLOSSOMS）」（日本代表の愛称）との旅はこうして始まったのです――。

２０１９年３月、私は代表が合宿を行っている沖縄を訪れました。そして、最初の全体ミーティングで選手全員にこう質問しました。
「これから君たちは、度胸あるライオンになるのか、臆病な羊になるのか？　勇者として生きるのか、臆病者として生きるのか？　漢（おとこ）になるのか、男の子になるのか？」と――。
「ライオン」とは、勇気ある人を語る時に私が使う表現です。

選手たちに一番強調したのは〝勇気の大切さ〟でした。「勇気」は成功するための秘密の切り札だからです。

「夢は実現できない」と否定されても突き進む時
夢に向かって忍耐強くトレーニングを続けていく時
自分をさらけ出してアドバイスを求める時
夢を邪魔する誘惑を断ち切る時
ささいなことでも規律を守って、計画通りに準備をすすめる時
悪い結果でも、謙虚であり続ける時……

夢をかなえるために、目標を達成するために——、あらゆる場面で勇気が必要になるのです！

「恐怖のドラゴン」に打ち勝つために

私は幸運なことに、ニュージーランドの7人制ラグビー代表や多くの五輪メダリストのメンタルコーチとして働いています。

一流の選手はみんな良い意味で〝普通〟ではありません。私は、関係した人たちが〝普通〟でなくなっていくのを見るのが大好きです。

一方、日本でも同じかもしれませんが、ニュージーランドには心に病を抱える人が多くいます。じつは私もその一人で、29歳の時パニック発作に襲われたことがあります。精神障害の一歩手前でした。私が臨床心理学者として訓練を受けていた時期ですから、皮肉なものです。

当時の私は、他人の評価を気にしてばかりで、人の顔色をうかがって常にビクビクしていました。このままでは自滅する……、そう思った私は、勇気を持って状況を打開しようと考えたのです。

そこで、次の3つを実践することにしました。

1 自分自身に「こんな生き方はもうたくさんだ」と問いかけ続けること
2「武術」を学ぶこと
3「勇気を持って生きる方法」を探ること

そうして自分のなかにいた「恐怖のドラゴン」と目を合わせて、決して逃げないと決めました。そこからは、なるべく人前で話すようにしました。自分を表現するのをためらわないようにしたのです。

「臆病にならない。他人が何を思おうと気にしない」と言い聞かせ続けました。

勇気を持って生きることで、私の人生は変わり始めました。実際、漠然と成功を夢見ていた頃に比べてより充実した日々を過ごしています。

そして、この時の経験を踏まえて、アスリートのメンタル強化に携わってきました。多くのアスリートとセッションを重ねるうちにやり方を進化させ、アスリートたちを成功に導いてきたと自負しています。

「献身的なプレー」「一体感のあるチーム」――ラグビー史に残る悲願のベスト8達成！日本国内のみならず、世界中の人が「ブレイブ・ブロッサムズ」のとりこになりました。それはきっと、選手たちの人間的な魅力をプレーから感じたからではないでしょうか。

私はメンタルコーチとして、選手たちのメンタルがタフになるのを手助けしたに過ぎません。ですが、選手たちがどのように成長していったのか、を間近で見てきましたので、この本ではそれをお伝えできればと思います。

勇気は人を成長させ、人生を豊かにします。皆さんがアスリートでなかったとしても、仕事や勉強、趣味、子育てなどすべてに役立てることができるでしょう。

*

誰しも「やろうと思って放置してきたこと」「挑戦をためらっているもの」があるのではないでしょうか。

自分の〝心〟と〝魂〟だけが何をすべきか知っています。安易な見返りを期待しないで、「多くを気にせず、ただ進め」(Just go for it)――、どんな願いでもきっと実現するはずです。

本書が、皆さんの〝勇気〟を呼び覚ます一助になれば幸甚です。

デイビッド・ガルブレイス(ラグビー日本代表メンタルコーチ)

訳者／日本語執筆者より

本書はデイビッド・ガルブレイス氏の理論とともに、ラグビー日本代表で実際に行われたメンタルトレーニングを紹介したものです。選手たちがメンタルをどうやってタフにしていくかが見えてきます。これまで雑誌やテレビで紹介されていなかったこともあるでしょう。

本書執筆にあたって、ジェイミー・ジョセフ日本代表ヘッドコーチやリーチマイケル選手、田村優(ゆう)選手、ラファエレティモシー選手、姫野和樹選手が、それぞれメンタルの強化について貴重な話をしてくれました。これらの言葉からは、ガルブレイス氏がコーチや選手からいかに信頼を得ているかがわかると思います。

ガルブレイス氏は、臨床心理士としてしばらく働いたのちスポーツ心理学者になりました。彼の母国ニュージーランドでは、ガルブレイス氏が数々のアスリートたちと議論・観察・対話・実践したなかで得た知恵と経験に基づいた本が書籍化（日本未発売）されています。

ガルブレイス氏の語り口は、難しい理論や哲学を念頭におきながらも決して難解な用語は使わず、誰にでもできるメンタルの強化法を語っているのが特徴です。長年のキャリアのなかで開発した理論と実践方法は、とてもユニークで示唆に富むものばかり。肉体を使って精神も鍛える「ミツアナグマ精神鍛錬法」は、ラグビー日本代表が実際にワールドカップ期間中にも行っていたそうです。

　私は前著の内容をもとに、ガルブレイス氏が日本代表に伝えたことなどを中心にインタビューを重ねて本にまとめました。普段、私は日本テレビの報道番組『news every.』に関わっている一介のディレクターで、スポーツに直接関わることはありません。しかしラグビー観戦歴25年以上で、自国開催のワールドカップは、盛り上げなければという思いから、ラグビー関連の取材をしていました。

　ワールドカップでの快進撃にともなって日本でラグビーが盛り上がっていきましたが、「なぜ日本代表は強くなったのか？」ずっと疑問でした。じつはラグビー日本代表は、ワールドカップの前年・前々年と強豪国とは良くても引き分け。素人目には今回のような素晴らしい結果を予想させる試合は行っていませんでした。

　ところが日本代表は、ワールドカップの2カ月前のフィジー戦から強豪に勝ち始めました。ファンからすると、急に実力アップしたように見えたのです。試合後の選手たちの言葉も自信に満ちあふれていました。選手たちのメンタルに変化があるように思えて、メンタルコーチであるデイビッド・ガルブレイスという人の存在が気になったのです。

＊

本書は、ラグビー日本代表がいかにして強くなったのか――、メンタル面での成長を随所で伝えながら、ガルブレイス氏のメンタルの鍛え方を伝えていきたいと思います。

章ごとに「エクササイズ」等のコーナーがありますので、メンタル強化の実践ができるようになっています。本文で姫野選手が話しているように、やってみるとガルブレイス氏の理論をより理解しやすくなると思います。

ガルブレイス氏の根本的な考えは、いかに心が喜ぶ・意味のある人生を生きるか、です。アスリートに限らず、ビジネスマンや趣味に生きる人、家族関係で悩む人、すべての人に大事なことが書いてあります。

実際に代表選手に向けて語られた臨場感を少しでも感じてほしいので、ガルブレイス氏の言葉は「カギ括弧」をつけて長めに引用しました。事実に照らし合わせるために、日本代表の元通訳だった佐藤秀典さんにご協力いただきました。この場を借りて感謝いたします。

坂間亮弘

CONTENTS

CONTENTS

CHAPTER 3 戦略を描け！ PLAN FOR SUCCESS!

CHAPTER 4 やるべきことを、やれ！ GET TO WORK!

CONTENTS

CHAPTER 6 最強の精神状態「ゾーン」

"ZONE" SUPER HUMAN WHO COULD DO ALMOST ANYTHING

CONTENTS

CHAPTER 7 「リーダーシップ」とは何か？
MAGIC RECIPE FOR ONE TEAM:LEADERSHIP

CHAPTER 8 最強のメンタル・トレーニング
THE RECIPE FOR ONE TEAM:HONEY BADGER MIND TRAINING

※本文中の「肩書き」は、すべて2019年のワールドカップ時のものです。コーチや選手の名前は、当時の息づかいを感じていただきたいので、実際に私が呼んでいた愛称で統一させていただきますことをご了承いただけますと幸いです。

CHAPTER 1

ライオンになれ!

BE THE LION!

01

私が日本代表に伝えたこと

KICK OFF :
FIRST MEETING WITH JAPAN NATIONAL TEAM

2019年3月、私は初めてラグビー日本代表チームに帯同しました。

最初のミーティングで、「このチームの目標はワールドカップで決勝トーナメントに進出することのようだが、なぜ優勝が目標ではないのか」と問いただしました。

日本は優勝を狙える。ただ、そのためには全員がライオンになる必要がある——。

「ライオン」は私がよく使うたとえで、プレッシャーをものともせず勇気を持って戦うマインドセット（心の持ち方）のことです。

「ライオン」の反対は「羊」、臆病なマインドセットのことです。

怖がっていてばかりでは何もできません。人は度胸を持って困難に立ち向かう「ライオンハート」が必要なのです。

選手たちには、「勇者のライオンになるのか、臆病者の羊になるのか?」と問いかけました。ラグビーでは選手同士の激しいぶつかり合いがあります。常に勇気が試されているのです。

この考えはスポーツだけでなく、仕事や子育て、勉強などすべてに通じる重要なマインドセットです。会議の場で反対意見を言えるのか、(駅などで)困っている他人を思いやれるのか……、「ライオンか、羊か?」、私たちは常に選択を迫られているのです。

選手たちが持っていたメンタルコーチのイメージは、学校の保健室の先生のように悩みによりそって聞いてくれるタイプだったかもしれません。

「ライオンになれ!」と語るニュージーランド人が来てさぞ驚いたことでしょう。

私生活でも、ライオンになろう

最初のミーティングでは、次のような話もしました。

「私生活のなかでも度胸・勇気ある行動がとれているかどうか、自問自答してください。例えば、いま家に一人でいるとして、そこに奥さんまたはパートナーが玄関を開けて帰ってくる音が聞こえている。そこで【俺の愛する妻（彼女）が帰ってきた、嬉しい】と思うのか【あー帰ってきちゃった、この人は、運命の人かどうかもわからない。とりあえずいま一緒にいるだけで……】と思うのか、どちらなのか。

もし後者の考えで、意気地なしで話し合いができない、トラブルを避けたいので何もしない、相手を傷つけたくないから何も言わない……。それらはすべて臆病者の行動だ。私生活の大事なところで勇敢な行動をとれなくて、どうやったらワールドカップで勇敢な行動をとれるのだ」

この話をしたあと選手たちは互いに、素直に自分たちの話をしていました。素晴らしい光景でした。

02

「勇気」が才能を招く

COURAGE : MOST CRITICAL FEELING TO UNLEASH YOUR POTENTIAL

「ライオンになれ」には、「挑戦しろ」というメッセージも込めています。

日本代表が戦う相手は格上のチームばかりです。勝つためには、選手たちの能力が限界を超える必要がありました。メンタルコーチとしては、肉体とともに、精神も世界レベルであることを求めました。

自分の限界を決めず、さらなる可能性に挑戦する勇気。これこそ私が日本代表に対して一番訴え続けたことです。

「臆病に生きながら小さな成功を拾うくらいなら、思いっきり挑戦して大ゴケしろ」――。

人間が持つさまざまな感情のうち、人生で最もコントロールする必要がある感情は

「勇気」です。それは学生であっても、世界的な大企業に勤めていようとも、五輪選手でも、趣味でスポーツをやる人でも変わりません。

新しいことに挑戦して一歩踏み出すのにも、職場で話しづらい人に頼み事をするのにも、勇気が必要です。どんな場面でも、勇気が必要です。自分の掲げた目標の障害となる誘惑を断ち切るのにも勇気がいるでしょう。勇気は、あなたの秘めた能力を解放するために最も必要な感情なのです。

科学的にいうと、人間の脳は安全を指向するようになっています。もし皆さんが目標を持ちながら挑戦すらできていないとしても、それは普通のことです。今のまま変化がないほうが「安全」だと脳が判断しているからです。脳は大きな変化を求めません。しかし「安全」な人生が正しい選択とは限りません。

皆さんは今に満足していますでしょうか？ もし満足していないのなら、本当になりたい自分があるとしたら、必要なのは**挑戦するための勇気**です。しかし、新しいことに挑戦すれば、脳はたちまち不安定になって危険信号を点滅させます。恐怖を感じる人もいるかもしれません。

だからこそ、勇気が最も大切な感情なのです。「何事もチャレンジ」と人は言いますが、そこで生じる不安や恐怖に、いかに勇気が大切かはあまり語られていません。

アスリートたちは、もがき苦しむ時期があります。夢を諦めないために忍耐強くいること、アクセルを踏み続けること、信じ続けること、行動し続けること、すべてに勇気が必要なのです。

非凡な能力がありながら途中で投げ出してしまう人たちを、私はたくさん見てきました。彼らがもがき苦しみながらも、勇気を持ってそこにとどまって、夢を追いかけ続けていたらきっと得られたであろう充実感を思うと残念でなりません。

成功するためには、成功するための「道」があります。「武士道」「空手道」のように、実践をともなった哲学があります。この本では、その「道」のことを、ラグビー日本代表のチームソングから「ビクトリーロード」と呼ぶことにします。

成功の道、ビクトリーロードとはどんな道か。ラグビー日本代表は、当時世界ランク2位のアイルランドには勝てないと言われていました。しかし見事、勝利しました。不可能に思われる夢が実現できるのが「ビクトリーロード」です。

ニュージーランドの英雄に登山家のエドモンド・ヒラリーという登山家がいます。彼は人類で最初にエベレストの登頂に成功した偉業の持ち主です。

当時、エベレスト（8848メートル）は、人類の限界を超えた場所だと言われていました。世界の科学者たちは、8500メートルより高い場所に人間は行くことができないと結論づけていたからです。ヒラリーは当然そのことを知っていながら、冒険を止めませんでした。「できるかどうかではなく、やってみよう」——、当時のヒラリーはこのような心境だったと思います。

エベレストの登頂が〝科学的〟に否定されるなか、ヒラリーは入念な準備をして目的を遂行しました。これは驚異です。私は、登頂の成功以上に、科学者でさえ否定することに挑戦した心意気に感動を覚えます。ヒラリーとテンジン（同行したシェルパ）は、登頂に成功するよりも前に、自分という巨大な山を登っていたのでしょう。

「ビクトリーロード」の考えを説明する上で、ヒラリーの次の言葉は参考になると思います。

「恐怖と疑問のなかで後悔しながら生きるのなら死んだほうがマシだ」——。

03

恐怖と向き合え！

FACE THE FEAR !

選手とは1対1で話すことも頻繁にありました。ティムことラファエレティモシー選手は、リーダーでもあったので、よく話をしました。

初めてティムと話をした時、彼に「恐れているものはないか」と尋ねました。ティムは手術した左肩の怪我が再発するのを恐れて強くタックルできないでいる、と打ち明けてくれました。

私がティムに話したのは、恐怖との向き合い方です。「不安は誰にでもある。その不安から目を背けてはいけない。不安と向き合うことが大事なんだ」と語りました。

さらに私は「ティム、漢(おとこ)って何だ?」とも問いかけました。「漢」とは「ライオン」

と同じ意味です。「ドクターは肩の状態は問題ないと言っている。リハビリを終えて次にやることは、戦列に戻って敵にタックルするだけだ」と言いました。

人はしばしば失敗を恐れて、挑戦に及び腰になります。私は、そうした臆病な人のことを「ライオン」の反対で「羊」と呼んでいます。

皆さんは「ライオン」でしょうか、それとも「羊」でしょうか。上司や部下を怒らせないように、授業で間違わないように、虎の子の貯金を失わないように……羊はいつもビクビク心配事ばかりです。

不安は誰でも感じます。大事なのは不安と向き合うことです。何があなたを怖がらせているのか、意識の深いところまで考えてみてください。ティムは私との会話のあと自分を見つめ直して、怪我した左肩でも強烈なタックルができるようになりました。

あなたは、勇気の道である「ビクトリーロード」を歩んでいますか？
何かに怯えながら臆病に生きる「ルーザーロード（敗者の道）」を歩いていますか？

これはラグビーだけでなくすべてのことに当てはまります。

例えば、学校の授業で先生に質問するにも勇気が必要でしょう。電車でお年寄りに席を譲るのも勇気がいります。あなたの夢を防害する周囲の雑音を無視するのは、さらに勇気がいるでしょう。

知っておいてほしいのは、「脳はずるい」ということです。脳は、心の平穏を保つため、夢に向かって正しい方向に向かっていない時でも、不安な状態を嫌って、あたかも成功しているかのように思い込ませることがあります。

脳は「言い訳のプロ」でもあります。本当はやりたかったことなのに、あれこれ理由をつけて悔しい思いをごまかすのです。皆さんの心に思い当たることはありませんか?

まず、自分の心のなかを奥までのぞいてみてください。もし自分の心が不快(不安)な状態であれば、あなたは「ビクトリーロード」にいます。

「ビクトリーロード」は自分の可能性をギリギリまで突き詰めている人が歩む道なので、心は安定しません。イライラ、不快、プレッシャー……そんな感覚と戦いながら進んでいくのが「ビクトリーロード」です。

不安の正体を見つけて、向き合おう

日本代表として三度のワールドカップに出場しているフミ（田中史朗選手）も、不快さと向き合った一人です。

フミはワールドカップの3カ月前、宮崎合宿できついトレーニングに音をあげかけていました。彼はポジション争いで精神的にもかなり追い込まれていました。メディアのインタビューで、自分の妻に弱音を吐いて、相談していたと答えています。

フミの不安に対して、私がしたことは「それはどうしてなのか？」と尋ね返しただけです。

フミは特効薬となるような言葉を待っていたのかもしれませんが、私はフミに恐怖の正体を見つけて向き合ってほしいと思いました。

この瞬間、フミは「羊」だったのかもしれません。私は「羊」を安易に励ますようなことはしません。家族やメンタルコーチに元気づけてもらったとしても、精神は強くならないからです。

フミは、「ガルブレイスコーチと話すと、自分ってこんなこと考えていたんだなと気づかされる」とメディアに語ってくれています。

日本代表として70キャップのフミほどの選手でさえ、恐怖や自信を失うことがあるのです（訳者注：キャップ＝国際試合の出場数）。

その後、フミは代表に選出され、ワールドカップで見事な活躍を見せたことはご承知の通りです。フミの「ライオン」は、少し居眠りしただけでした。

04

ビクトリーロードは勇者の道

VICTORY ROAD WHERE THE LION WALKS

「ビクトリーロード」は成功するための通り道です。「ビクトリーロード」を歩めばスポーツに限らず仕事でも趣味でも成功できるでしょう。

「ビクトリーロード」は「ライオン」が歩く勇者の道です。この道を歩くのに、貯金残高や社会的地位、学歴、家庭環境などは一切関係ありません。大事なのは**失敗を恐れない勇気**を持つことです。

ワールドカップの第4戦。スコットランドとの大一番を前に、マイケル（リーチマイケル選手）はこう言っています。

「チームのテーマは勇気を持つこと。ゴール（決勝トーナメント進出※）が近づくと恐

怖心を持つ。勇気を持って行動する意識を（選手たちと）※共有します」（※カッコ内は訳者）
日本ラグビー史上初の決勝トーナメント進出をかけた戦い、相手は過去30年勝てていないスコットランド。計りしれない重圧が選手を襲っていたと思います。

成功が目の前に近づいてくると、人は不安になります。「本当にできるのか」と、疑念と恐怖が襲ってきます。「勝ちきる」難しさです。

失敗への恐怖を抱えながらも、自分の可能性に挑戦するのが勇者の道、「ビクトリーロード」です。この道を歩んでいる人はこんな言葉を口にします。

「簡単な勝ちを拾うくらいなら、困難に立ち向かい失敗したほうがいい」
「私の心は決して恐怖に左右されない」

勇気を持って生きれば、自らの可能性は拓けます。この章の最後にある「エクササイズ」に取り組んでみて、正直な自分をさらけ出してみてください。すると、臆病になっていないことに強い「誇り」（＝プライド）を持つでしょう。

誇らしい感情は、勇気ある行動によって生まれるとても大切な感情です。誇りを強く持てば持つほど、自己受容が高まります。自己受容とは心理学の言葉ですが、自分の良い点も悪い点もありのままの姿で認めるという意味です。

自己受容ができてくると、他人が自分のことをどう考えているかなんて気にならなくなってきます。スポーツ選手がミスをしてイライラするのを見たことがありますが、あれは他人に自分がダメに見られているのではないかと過剰に気にしているからです。

勇気があれば、皆さんの秘められた可能性は解き放たれます。

スポーツ選手であれば、トレーニングの成果を爆発的に発揮できるでしょう。ビジネスマンでも学生でも、この考えがあれば、見る世界が変わります。そして何より、楽しく人生を送ることができるはずです。

05

成功する4つの「ルール」

"VICTORY ROAD" GOLDEN RULES

「ビクトリーロード」とはどんな道か――、理解いただけたでしょうか。

本章のまとめとして、成功する４つの「ルール」を述べたいと思います。

ルール１．限界ギリギリまで挑戦しろ！失敗を受け入れろ！

矛盾したことを言いますが、「ビクトリーロード」の本質は失敗することです。勝利や成果は二の次で、自分の可能性を限界まで求めることが一番大事なことです。

成功するかわからない状況に身を置くのは、とても不快だと思います。

でも「ビクトリーロード」の考えがわかってくると、毎日がエキサイティングになってきます。自らの才能が拓けていくかどうか――ギリギリの細い道を歩くのはとても不安でしょうが、同時に興奮もします。

ジェットコースターに乗っている感覚がずっと続くイメージです。逆に人生がゆったり快適に進んでいく感覚であれば、それは「ルーザーロード（敗者の道）」を歩いているのかもしれません。プレッシャーを避けて挑戦しないのは、生きていないのと同じです。

ルール2．価値のある人間になれ！

ラグビー日本代表のショウタ（堀江翔太選手）は世界一のフッカーだと思っています。ショウタは選手として素晴らしいことはもちろん、人間性がとても高いからです。彼はとても親切で、礼儀正しい。他の選手を思いやることもできます。

ワールドカップのロシア戦後、ロッカールームで日本代表のチームソング「ビクトリーロード」を歌ったのですが、ショウタはスマートフォンでその様子を撮影して、ワールドカップメンバーから外れた山本幸輝（こうき）選手（ヤマハ発動機ジュビロ所属）に送りました。

山本選手はチームソングの歌詞を考えた一人であり、ショウタと同じくスクラムの最前線に立つ仲間です。「お前も歴史に残っているで」と、メッセージが添えられていたそうです。

合宿中もよく年下の選手を連れて食事に誘って不満や不安を聞いてあげていました。ショウタの人間性は特筆すべきものがあります。

「ビクトリーロード」を歩く人は、優しさと思いやりがある徳が高い人です。反対に「ルーザーロード」を歩く人は、自己中心的でわがままで敬意や思いやりもありません。「ルーザーロード」を歩く選手のなかでも表面的には良い結果を残す選手もいるかもしれません。しかし、そうした人の人生はどこかで歯車が狂い、さらに困ったことに周りの人まで巻き込んで不幸にします。

人間的な価値を大事にせず、衝動的な欲望に重きをおいた人生を送ると過剰な飲酒・ギャンブル依存・家庭崩壊など辛い結果が待っているのです。

ルール3．綿密な計画と細部（ディテール）に気を配れ！

綿密な計画なくして成功はあり得ません。短期と中・長期の目標を持って計画的に動くことが大事です。これについては第3章で詳しく述べます。

ワールドカップ・アイルランド戦前半34分、スクラムで押し勝つビッグプレーがありましたが、これは長谷川慎（しん）スクラムコーチが選手たちと細部（ディテール）にこだわり続けて築き上げた結果です。

長谷川コーチは足の位置、膝の角度、尻の高さ、地面に刺さるスパイクのポイント（とげ）の数まで１００以上の細かな形を決めています。「神は細部に宿る」ということわざの通り、ディテールを大事にして、計画的に努力を積み上げてきた証しです。

ルール４．自己責任の意識を強く持って、以下４つのことを守れ！

① 言い訳はしない　～自分と他人に誠実になる
② 正しいと思うことをやる　～きついことを率先してやる。泣き言も言わない
③ 夢をかなえるべき人間だということを証明する　～慰めの言葉は求めない
④ 夢に向かって１００％力を注ぐ　～報いを求めず謙虚に生きる

多くの人は自分の人生をどうやって生きるかを深く考えないで生活しています。

もし読者の方が学生であれば、クラスメイトとどうやったら仲良くできるかを日々心配しながら過ごしているかもしれません。成人の読者であれば、貯金額で常に頭がいっぱいという人や住宅ローンの返済に追われて生活している人もいるでしょう。

悲しいかな、そういう人たちは人生を変えられないのです。死ぬ間際になって、理想の人生を送れなかったことを後悔して終わるだけです。

偶然に期待せずに、すべてを自分のコントロール下に置きましょう。期待通りにすべての物事が進むとは限りませんが、失敗したら鍛え直して出直すだけで良いのです。

失敗という言葉は、否定的な言葉ではありません。失敗はむしろエキサイティングな言葉です。なぜなら、あなたは失敗すればするほど、自分の可能性に挑戦しているからです!

EXERCISE 1 「ビクトリーロード」を歩こう

本章（CHAPTER 1）を読んでみて、あなたが「ビクトリーロード」「ルーザーロード」のうちどちらを歩いているか考えてみましょう。「ライオン」なのか、「羊」なのか？ 自分の心と誠実に向き合って、答えを聞いてみてください。これまでスポーツ（職場、恋愛、学校……）で、挑戦しなかったため、チャンスを逃してしまったという経験を思い出してみると、考えやすいです。

このエクササイズは、心地悪いでしょうか。答えがもし「イエス」なら、それは私が意図した通りです。意志を強く持って、心の奥底にあるものを見つめてください。

次に、今すぐ止めたい悪い習慣や変えたいことを書いてください。

自分が「ライオン」ではなく「ビクトリーロード」を歩んでいないと気がついたら、下記のような言葉を自分に投げかけてみるのも良いでしょう。

◆私はこんな生活まっぴらだ
◆ビクビクした生き方はもうごめんだ
◆自分を変えたい
◆羊でいるのは、もう飽き飽きだ
◆ライオンになりたい！

いかがでしょうか。誇りと不快さ、興奮と恐怖が入り交じった感情なのではないでしょうか。同時に〝生きている感覚〟がなかったでしょうか。

それが「ビクトリーロード」です。あなたは今、「ライオン」になろうとしています。生きる喜びに満ちあふれた人生の始まりです。

VOICE 1 BRAVE BLOSSOMS

デイブが来て、チームの精神力は60%UPした！

リーチマイケル（東芝ブレイブルーパス）

デイブ（デイビッド・ガルブレイス氏）のことは、スーパー・ラグビーのチーフスに在籍していたときからよく知っています。彼が2015年に出版した本も読んでいて、愛読書の一つでした。デイブが代表に来るとなった時、選手たちからどんな人か聞かれました。「私はぶっ飛んでいる人がくるよ」と答えていました（笑）。

デイブは選手たちに積極的に話しかけるし、みんな話しやすかったと思います。外国人だったから話しやすかったというのもあるかもしれません。「ライオン」か「臆病な羊」か、失敗を恐れず挑戦するか、それとも言い訳して逃げるのか――。プレッシャーはなくならないと、重圧との向かい方について話をしてくれましたが、デイブの考え方はとても明確でわかりやすかった。

私は、キャプテンとして、チームをどうやって強くするかについて、デイブと頻繁に話し合いました。誇りと自信を持つにはどうしたら良いかを２人で話し合ったのを覚えています。

今でも覚えているのが沖縄合宿の時での会話です。早朝４時半、デイブと２人でホテルを出て岬に向かいました。

1945年米軍が上陸した際、集団自決があった崖を見ながら戦争や歴史について語り合いました。当然、チームのメンタル強化にも話が及びました。デイブは日本代表のプライドやアイデンティティを歴史にも求めていたと思います。

チームのメンタル強化については、２人でアイディアを出しながら考えたこともあります。ハドル（円陣）を組んでいる時に、リーダーたちの言葉を聞いていない選手がいたら、デイブは「話を聞いているのか」と、会話に真剣に向き合うことを求めました。会話の質が高くなると、チームはもっと強くなるといっていました。

デイブはいつも情熱にあふれていて、可能性は無限だといってチームにエネルギーを注いでくれました。デイブがコーチになったことで、日本代表の精神的タフさは、60%は増えた、と断言できます。

CHAPTER 2

「現実的な夢」は持つな

IMPOSSIBLE DREAM

06

不可能に見えることこそ本当の夢

THE DREAM MUST SOUND “IMPOSSIBLE”

ワールドカップの始まる7カ月前、私は初対面の選手たちにライオンのマインドセットについて語りました。

ジェイミー（ジョセフHC）の要請を受けて日本に来ましたが、選手たちは私を受け入れるかどうかわかりません。

最初の全体ミーティングは、私にとってテストでした。ただ話し始めると、選手たちの本気度はすぐに伝わり、私は受け入れられたと感じましたし、何よりも私が「このチームで仕事がしたい」と思いました。

ミーティングで「優勝を目指せ」と言ったのは、「高い目標を設定しておけば、うまくいかなかったとしても、それなりの結果が得られるから」ではありません。「ビクトリーロード」の考え方は、「本当に実現したら嬉しいと思えること」を目標にしているからです。

矛盾する言葉かもしれませんが、**「夢」（ドリーム）は「実現不可能」（インポッシブル）であるべき**なのです。

これまで職場や学校で、〝現実的〟な夢を語りなさいと言われたことはありませんか。「今の実績、能力を考えて、〝現実的な〟夢を考えなさい」と。

こうした〝指導〟から距離を置くことを、私はおすすめします。そうしないと、自分の可能性を伸ばすことができないからです。

優勝候補のアイルランド戦は、まさしく「インポッシブル・ドリーム」でしたが、ヘッドコーチのジェイミーを始めとして選手たちは本気で勝つつもりでした。高い目標を設定して、自分たちの限界を超えたトレーニングを積み上げたのです。

限界を決めてしまうと、秘めた可能性を伸ばすことができないまま終わってしまいます。前章でも述べた登山家ヒラリーの例では、ヒラリーがもし〝現実的な〟選択をしていたら、エベレスト初登頂の偉業は果たされなかったでしょう。

「インポッシブル・ドリーム」に勇気を持って挑戦すれば、秘めた可能性が呼び覚まされます。「普通ではない世界」に生きてください。

成功する人は、良い意味で「普通でない人」です。

本当に自分が何になりたいか、明確になっている人は多くいません。過去の自分も含めて、人生に何を求めてどんな決断をするべきか考えていないのです。

その根底にあるのは、失敗への恐怖があるからです。ただ、そのような状態で生きていると、多額のツケを払うことになります。好きでもない人と交際し続ける、やりたくない仕事を続ける——心当たりがないでしょうか。

立派な成績をあげながら、情熱を持って取り組んでいないアスリートもいます。より素晴らしいアスリートになるチャンスがあるにもかかわらず……。

自分にとって意味のある夢を見つけて、熱意を持って取り組みましょう。成果がどうであれ、充実した人生が送れます。一番大事なことは**心の底からやりたいことを見つけて、自分の力で歩く**こと——つまり、生きている実感を得ることです。

07

非現実的な夢がもたらすもの

WHAT IMPOSSIBLE DREAM BRINGS

ラグビー日本代表がアイルランド代表から勝利をあげたことは「静岡の衝撃」「大番狂わせ」とメディアから評されましたが、チームは最初から勝つつもりで準備をすすめていました。

ジェイミーは試合前、選手たちに対して、次のような言葉をなげかけます。

誰も勝てると思っていない
誰も接戦になるとさえ思っていない
誰も君らがどれだけハードワークをしてきたか、どれくらい犠牲を払ってきたか知らない
やるべきことはわかっている

選手たちはハードな練習を行いラグビーに捧げてきました。ワールドカップ前に行われた宮崎合宿は選手たちが言うように「地獄」だったと思いますが、選手たちの基礎的な体力測定（フィットネスやストレングス）の数値は合宿後、ベテランの選手を含めてほとんどが自己ベストを更新したのです。

世界の強豪に勝つには、選手たちの能力を上げる必要が間違いなくありました。大きな夢を決め、そのために限界を超えた自分に向かってトレーニングを始めたのです。

「インポッシブル・ドリーム」への道のりは遠く、歩き続けるのは大変でしょう。だからこそ自分に語りかけて考え抜いた本当の夢でない限り、途中で諦めてしまうのが関の山です。心の底から達成したいことが見つかれば、スポーツでも、仕事でも、たとえ趣味であっても、とても重要な意味を持つでしょう。

もしあなたがピアニストになりたいと思っていて、しかも既存のプロたちとは違う新しいタイプのピアニストになりたいと心の底から思っていたとすれば、それが「インポッシブル・ドリーム」です。ニュータイプのピアニストになるために、どんな練習をして、どんな勉強をするのか――夢に向かって可能性は無限大に広がっていくでしょう。

夢は必ずしも壮大である必要はありません。自分にとっての「挑戦」であればかまいません。例えば、ギターを触ったことがない人が演奏会を開くという目標でも良いでしょう。楽器を弾く、楽譜を読むという新しい自分の可能性を開拓する素晴らしいチャレンジになると思います。

大事なのは「インポッシブル・ドリーム」であること、そしてその夢が自分の本当に、心の底からやりたいことであることです。

今、どんな夢が浮かんでいるでしょうか？

それは親や友人が求めている夢ではありませんか、少しの努力で達成できる「現実的な夢」ではありませんか、確認してみましょう。

多くの人たちは自分の限界に挑戦せず〝現実的な〟世界に生きています。挑戦せず、何も達成することなく人生を終えているのが現状です。もし、職場や学校で「目標」を書く機会があって、現実的に考えるよう〝指導〟されたら、笑って席を立ちましょう。やってみないと結果はわかりません。

念のために書き添えておきますが、私は無茶にチャレンジしてほしいわけではありません。計画や準備・必要な助けがないと、人は成功できません。

本当はやりたいことだけど周囲の反対を恐れて諦めている夢、自分の実力では無理だと心の奥底に冬眠させている夢、世間体を気にして押し殺している夢、それが私の考える「インポッシブル・ドリーム」です。

夢に向かって船をこぎ出す前から、安易な目標を決めて、ブレーキをかけながら進む人がいます。

目標は現実的に、しかし希望は高く、こんな風潮がどうも一般的に感じます。これは、たしかに社会から批判を浴びない〝安全な〟生き方かもしれません。私もここに苦しみました。

皆さんが「インポッシブル・ドリーム」を家族や友人に話したら、最初の反応はきっと「それは無理だよ」になります。あなたは、それを聞いて心の中でニヤリとしてください。なぜならあなたの夢は、他人も認める「インポッシブル・ドリーム」なのですから。

08

心が喜ぶ夢を語れ

THE TRUE AND DEEPEST DREAM

我々コーチ陣は、W杯に向けてトレーニングする選手たちに、それぞれのポジションで「世界一の選手になれ」というミッションを与えました。

これの期待に見事応えたのがマツ（松島幸太朗選手）やショウタ（堀江翔太選手）たちです。

マツは予選プールで5トライ、ショウタはタックル成功率92％、パス22回と攻守にわたり活躍して、複数の海外メディアで予選プールベスト15に選出されました。

彼らはコーチ陣が求めた通りにベストの選手になったのです。

「ビクトリーロード」を歩くのに、「インポッシブル・ドリーム」がいかに必要かわかる好例です。

自分にとって意味のある夢のために努力を続けると、メンタルは驚くほど成長します。いかなる努力も惜しまない――意志が強くなるのです。辛い時期や困難があっても乗り越えられる強さになるでしょう。

そんな風に「ビクトリーロード」を歩いている人は、困難があっても平然としています。泣き言を言いません。他者からすると、それは奇妙な光景かもしれません。「インポッシブル・ドリーム」は新しい運命を切り拓くエネルギーなのです。

これまで多くのアスリートから、人生でやり遂げたいことを聞いてきました。なかには「う〜ん」とひとしきり唸ったあと、「大金を稼ぎたい」とか「スポーツで生計を立てたい」と当たり障りのない返事が返ってくることがあります。これはよく聞く目標ではあるものの、「ビクトリーロード」からはほど遠く「ルーザーロード」を歩く人の答えです。「ルーザーロード」を歩いていたら、自らの本当の可能性を伸ばすことがないまま人生が終わってしまうでしょう。

「ルーザーロード」を歩きながらも、表向きは成績の良いアスリート（ビジネスマン、学生など）がいます。しかし残念ながら、己の可能性を伸ばして本当の自分を磨く努力を怠っていますから、日々の充実感はあまりないはずです。成果をあげているように見えながらも、実際には後悔し続けているかもしれません。

アスリートに夢を聞くと「チームでレギュラーになれるように頑張ります」とか「代表で1分でも多く出場したい」などと目標を低く設定した答えが帰ってくることがよくあります。これは本当の夢ではありません。ウソだと言ったら、言い過ぎでしょうか。

批判や嘲笑を恐れるあまり、本当の夢を語らないだけなのです。心のなかではきっとこんな葛藤が起きていると思います。

『なんで本当の夢を語らないでウソを言うの？』

もう一人の自分、

『だって、大きな夢を語って、批判されたくないよ。実現できなかったら恥ずかしいし。できるかもわからないし……』

「恥」の感情は、自信のなさや失敗への恐怖から生まれます。そうした恐怖は、夢に向かう熱意や野心をむしばみます。結果として、トレーニングに熱が入らず、さぼりがちになってしまいます。

練習量が減れば、結果は知れています。結果が悪くなれば、自信はさらになくなって、練習もさらにサボりがちになってしまいます。この負のサイクルに一度陥ると、抜け出すのは簡単ではありません。

ブルース・リーが「考えるな、感じろ（Do not think, feel）」と語っていように、自分の心が喜んでいるかどうか、常に確かめてみてください。その際には、現在のスキルや貯金残高などを考える必要はありません。価値のある夢に向かって生き生きとした人生を送っている人ほど、夢の実現に近づいていくのです。

濡れ手に粟、鴨がネギを背負ってくるようなもの――「WIN-WIN」です！

EXERCISE 2 「インポッシブル・ドリーム」を決めよう

次はあなたの番です。「インポッシブル・ドリーム」を考えてみてください。自分が本当にやりたいことを慎重によく考えて書いてください。胸躍ることは何ですか？　書いてみましょう。

夢が浮かび上がったとき、心の声はどんなことを言っていましたか。

「無茶だよ」「無理だよ、止めようよ」……。

家族や友人に話したら、どんな反応をしましたか。彼らは「現実を見ろ」と落ち込むようなことを言いましたか。

そのような反応があったとしたら、ホンモノです。本物の「インポッシブル・ドリーム」です。あなたには奇跡が待っています。

そして、次にあふれる情熱を傾ける先は「プラン作り」です！

CHAPTER 3

戦略を描け！

PLAN FOR SUCCESS!

09

地図なしではただ迷う

A DREAM WITHOUT A PLAN IS JUST FANTASY

前章で実現不可能な夢を決める大事さについて語りましたが、その真剣度はいかに緻密な計画、「戦略的」計画（＝「戦略プラン」）を組んでいるかで決まります。

「大きな夢に向かっています」という人がよくいます。でも、実際に夢に対してどんな計画を持っているのか聞くと無言になってしまいます。

何も言えないということは、何もないのです。計画のない夢は、ただの幻想でしかありません。

一方で「戦略的プラン」が緻密であれば、夢が実現する可能性が高いと言えるでしょう。

日本代表にはキャプテンの下に複数のリーダーズと呼ばれるサブキャプテンが配置され、そのサブキャプテンの下に選手たちのグループが作られました（詳細は第7章）。リーダーたちはジェイミーらコーチ陣と毎週月曜日にミーティングを行うのですが、そこで一週間の計画を毎回発表してもらいました。技術的・肉体的なことからメンタルの準備まで、綿密な計画を練るのです。

ジェイミー（ジョセフＨＣ）は詳細や目的を聞いてくるので、選手たちはグループで話し合うなどして緻密で目的がはっきりしたプランを考える必要がありました。リーダーが提示するプランに対して、ジェイミーが求めることも明確に伝えられます。

ジェイミーはチームが同じ将来像を持つことを求めました。「みんな同じ絵（same page)」を見ているか、と。「夢に対して明瞭なイメージを持つということ」と「緻密な計画を立てること」は、セットだと心にとめておいてください。

「戦略的プラン」でクリアな方向性を持っている人は、堂々としていてぶれることがありません。正しいやり方で正しく努力します。

次の言葉を大事にしましょう。

時間を無駄にするな。一瞬を大事にしろ。

「戦略プラン」が最もエキサイティングなのは、すべてが自分のコントロール下にあることです。計画を立てる能力は誰でもあります。生まれ育ちや学歴はまったく関係ありません。

良い計画ができれば、きっと特別なことが起きるはずです。

10

自己評価はいつも過大評価

LIVE IN THE REAL WORLD

上級から中級レベルの選手たちと話をしていて気づくことは、彼らは自分の実力を実際より高く見積もる傾向にあるということです。実際に行っている以上にハードワークしている、と語ります。

人は自分の能力や技術、外見的な魅力について、実際よりも高く評価するという研究結果があります。

それによりますと、自分の能力や魅力を最も的確に評価したのは慢性のうつ病患者だそうです。ということは、皆さんは自分が思うほど実力はなく、努力もしていないということを意味しています。

意地悪でこの話をしているわけではありません。自分を見失って、ウソで自分を塗り固めないでほしいのです。リアルな自分の位置を知ることは、己の限界を越える上でとても重要ですから。

プレー中に機嫌が悪くなるスポーツ選手がいます。特に、ゴルファーに多い。彼らは高い自己評価に対して結果がともなわないことにイライラしているのです。試合後、血相を変えて、相談に来られた経験は何度となくありました。

彼らは客観的に自分を見られていません。パフォーマンスが悪いと、感情は山火事のように燃え広がってしまい、落ち着かせるのが大変です。職場や学校でもこういう人はいると思います。

この手の人が困るのは、練習（仕事・勉強）をしないことです。本当は実力不足なのに、自己評価は高いので、練習はやらず、ミスをしても自分以外のものに原因を求めるのです。「ビクトリーロード」は偽りの世界を歩きません。自己責任でリアルな世界に生きています。

「ビクトリーロード」を歩む人は、「うまくいく感じがする」とか「感覚的に良い方向」といった、科学的に根拠がない話し方をしません。データや結果をもとにした自分の現状から目を背けないのです。

特に、悪い結果が出ているときは重要です。まず決して感情的にならないこと。次に、一つのミスを強調しすぎるのはやめましょう。

「あのタックルミスがダメだった。計画を変えないと……」というように、一度のミスにとらわれて、続けてきたプランを全部変えてしまうのは考えものです。客観的な意見・データを駆使して全体をとらえる努力をしてみましょう。

失敗したと思った時こそ「ビクトリーロード」の考えを思いだしてください。「言い訳はしない」「泣き言は言わない」「成功の〝特効薬〟を求めない」「簡単な勝ちを拾うくらいなら困難に立ち向かい失敗する」——これらの言葉を今一度心に刻んでください。

今の自分の立ち位置がわかっていれば、足りていることも足りていないことも、はっきりするはずです。それだけにうまく事を運ぶことも、気持ちよく失敗することもできるのです。客観的なデータをもとに語る重要性は語り尽くせません。

11

山をちりに分解しろ

ATTENTION TO THE DETAIL

あなたは自分が成功者だと思いますか、それとも失敗している途中でしょうか。

メンタルコーチの仕事をしていると、自信を持てないアスリートがたくさんいることに気づきます。面談していると、失敗している気持ちが心の奥底で優勢になっているのです。

なぜそう感じるのでしょうか。成功の定義、もしくは一番大事なモノの定義が間違っているからです。

もしくは若く未熟なのに、超一流の人物と比べているため、達成感が得られないでいるのです。

自信がない人は、飽きっぽく落ち込みやすい傾向もあります。

さらにこうした人たちは、年を取るのが早く感じる傾向にあります。自分の夢をかなえられていないという事実に焦ってしまい、余計に右往左往して、時間だけが過ぎていくからです。

こうした状況から免れる方法は、計画を立てることです。「戦略プラン」はメンタルを強くするのに、とても役立ちます。将来像をしっかり描き、完成形から逆算して、今やるべきこと、来週やるべきこと、来年までにやるべきこと、短期から長期までの計画を戦略的に立てましょう。

また、計画を確実にすすめるために、良いメンター（師匠／監視役／先生）を見つけましょう。良いメンターは、間違った道に進んだ時に正しい方向に戻してくれますし、成長する上で良き手本となって助けてくれるでしょう。何よりメンターがいると、成長するのが加速します。

「ちりも積もれば山となる」と言いますが、大きな山（夢）をちりに分解して考えるのです。山は大きくてとらえづらいものですが、ちりに分解して考えれば、今やるべきことが明確になってくると思います。どんな「ちり」を集めて、どんな「山」にするのか、戦略を練ってみてください。今日一日の行動が将来の夢につながります。

例えば、あなたが15歳で、将来25歳までに世界一のラグビー選手になりたいという夢をいだいたとします。そのためには、しっかりした計画が必要です。重要なステップを明らかにする必要があります。

ニュージーランドの大学に留学するのも、ひとつの手段です。留学するとなれば、学業も語学も、ニュージーランドの大学で通用するラグビーのスキルも必要です。

中期的な目標を決めると、短期的に必要なことが明らかになってきます。短期から長期の計画――すべては互いに関係しあっているのです。

将来のために何が必要か逆算して考えて、今やるべき小さなことを全力で積み上げれば、迷うことはありません。いつも、やるべきことを、正しいやり方で、適切な時期にやり続けるのです。「インポッシブル・ドリーム」はきっと現実となるはずです。

12

「戦略プラン」の効果

THE BENEFIT OF BUILDING A STRATEGIC PLAN

戦略プランを作ると一日の目標もはっきりするので、日々達成感を得ることができます。結果として、自分を信じる力が増し、野望も、やる気もわいてくるでしょう。

パフォーマンスの質も高くなります。これこそが能力アップ、ひいては成功の鍵です。

戦略プランのなかでも、ラグビー日本代表がやったように「週間スケジュール」を作ることをおすすめします。戦略プランは忍耐力を強くします。

なぜなら、完成形がわかっているから目の前の出来事に一喜一憂することがありません。あなたは夢に向かって一歩ずつゆっくり歩んでいけば良いのです。

多くのアスリートは、私に対して「夢に向かって邁進している」と断言します。本気で取り組んでいるか確かめるために、私は決まって「素晴らしい！　じゃあ、週間スケジュールはある?」と聞くのです。

本気で犠牲を払っている人の週間スケジュールは、そうでない人と比べて天と地ほど違いがあります。心の底から取り組んでいない人は、スケジュールに空白が多くあります。これでは、何もやっていないのと同じです。彼らは耳あたりが良いことを言うかもしれませんが、気持ちはまったく入っていません。

週間スケジュールを見れば、あなたが「ビクトリーロード」と「ルーザーロード」のどちらを歩いているかがすぐわかります。スケジュールに空白や無駄な時間が多いとしたら、あなたは次の①か②どちらかでしょう。

①　夢がそもそも本当に実現したい夢でない（親が求める夢かもしれない）

②　自分を疑う気持ちが強い

図表1 週間スケジュール（ひな形）

インポッシブル・ドリーム：

ビクトリーロード：

大事にする価値：

日々の目標1

日々の目標2

日々の目標3

	月	火	水	木	金	土	日
朝やること							
昼やること							
夜やること							
良かったこと							

毎日・毎週のルーティンを確立するのがとても重要です。みなさんの週間スケジュールはどのようになっていますか。毎日のルーティンは？　行事は？「ちり」は吹き飛んでしまうのか、「山」となるのか――しっかりした計画を立てましょう。

上の図（図表1）は、私が使っていた週間スケジュールのひな形です。

ひな形のように、最終目標と1日の目標を書いていくようにするのが良いでしょう。

週間スケジュールは「夢を絶対かなえる」と念をこめながら書いていくとエネルギーが生まれます。

13

「戦略プラン」はクリアに

CLARITY IS KEY TO SUCCESS

どんな夢であっても、明確なイメージを持つことが成功の近道です。

将来の自分の姿をドキュメンタリー映画のような生き生きとしたイメージで描いてみてください。さらに、匂いや肌触りまでより具体的にクリアにしてみてください。

将来のイメージをしっかり持っていれば、それが無意識にエネルギーとなって眠った能力を呼び覚ますことでしょう。

あなたの今年1年の目標はとてもクリアで、戦略プランがしっかりできているとすれば、はじめの数カ月で達成すべき目標は明確に描けていることでしょう。

その道のりは、驚くほどやるべきことがあるのです。

地道に「ちり」を集めて「山」にするのが、夢を実現する方法です。「いつ」「どこで」「何を」「どうやってやるのか」を常に問い続けながら進んでいきます。現実は、残念ながら、多くのアスリートが夢に到達できません。いばらの道であるがため「ビクトリーロード」を歩き続けられないのです。

また、戦略プランがしっかりしていないとどうなるでしょうか。うまくいったら続ける、失敗すれば原因探しに固執する、計画を変更する——場当たり的な対応ばかりで、当てもなくさまようことになってしまいます。

どうかあなたの戦略プランを発展させ続けてください。自分でも気がつかなかった可能性に触れてみましょう。

夢が実現してもしなくても、誇らしい気持ちになります。なぜならあなたは全力を尽くしたのだから。この感情はいくら金を積んでも決して得ることができない価値のあるものです。

家族が一番！

大事な試合や仕事が、家庭（子供の場合、学校）のイベントと重なることがあります。その時どうすべきか、よく受ける質問の一つです。

私は、スポーツや仕事よりも家族や学校のイベントを優先するようにすすめています。あくまで私の考えですが、大事な試合があったとしても家族や学校は最優先事項です。

家族や学校を最優先させる理由は、素晴らしい家族関係を持つことと学校でうまくいくことは、長い目でみれば心の健康に良いからです。家族関係に不安を持ちながら、良い結果を残し続けるのは困難でしょう。

1に「家族」、2に「学校」、3に「スポーツ」――

この方針でやっているアスリートは、たとえ大事な大会を欠場したとしても、良い選手であり続けます。

なぜなら、人生で一番大事なのは家族だからです。家族のサポートなしに成功はありえません。

W杯の2カ月前、トンガと国際試合を直前に控え、ジェイミー（ジョセフHC）の母親が亡くなりました。ジェイミーは、日本に残って指揮することも考えたようですが、周囲のサポートもあってニュージーランドに一時帰国したのです。

チームはトンガに快勝。試合後、マイケル（リーチマイケル選手）はジェイミーと母親が一緒にうつった写真を持ってグラウンドを歩いていました。家族のようなチームは、家族を大事にするのです。

EXERCISE 3 「戦略プラン」を立てよう

「インポッシブル・ドリーム」を成し遂げるために「戦略プラン」を考えてみましょう。「ビクトリーロード」の考えに従って書くようにしてください。最初に「インポッシブル・ドリーム」を実現するために必要な3～4つの鍵となるステップを考えてみてください。

これらは、インポッシブル・ドリームが山であれば、「頑丈な石」に相当します。

さぁ、始めましょう！

1.

2.

3.

4.

次に、最初のステップに注目して、「ステップ1」を達成するにはどんな計画が必要か、段階をおって考えてみてください。

例えば、「ステップ1」に到達するためのプロジェクトは？　どんなコーチやメンターが必要か？　など考えてみましょう。

そこから短期的な目標が定まってくるはずです。

何より大事なのは、「インポッシブル・ドリーム」は、他でもないあなたの心の中から出てきたものであることです。少なくとも1、2時間は腰を落ち着けて考えてみてください。

VOICE 2 BRAVE BLOSSOMS

デイブがチームに自信を取り戻した──!

ジェイミー・ジョセフ（ラグビー日本代表ヘッドコーチ）

デイブ（デイビッド・ガルブレイス氏）は大舞台で戦う選手たちを支え、ラグビーの歴史に残す大活躍に大きな貢献をしてくれました。デイブは個性的な人です。同時にとても話しやすい親しみやすいタイプの人です。常識的な人とも言えるでしょう。

彼の選手へのアプローチは、威圧するような態度を決してとりません。アスリートが必要なことを的確に指摘してくれます。集中すべきこととか、チャレンジすべきこととか、大事な話をするときにはとても丁寧に話をしてくれます。真面目さと丁寧さ、それに対して親しみやすさと面白さ、この対極する２つの要素の使い分けで巧みだったと思います。

私は２０１６年からラグビー日本代表のヘッドコーチになりましたが、当時は引退した選手の他に継続的に残っているコーチもいませんでした。南アフリカに勝利するなど素晴らしい成績を収めたにもかかわらず、チームを一から作り直さなければいけない状態だったのです。

日本でのコーチの経験もありませんし、選手選考も大変でした。その後、２年でたくさんの良い選手たちが出てきてチームの形ができつつある時、新しい視点が欲しいと思いました。私は友人を通して、デイブに日本のメンタルコーチになってほしいと考えていると話をしたところ、知人たちは「無理だ。彼は忙しすぎる」というのです。それでも依頼だけはしようと連絡をとったところ、彼が反応した、すごいことです。

チームに来てからは、私が望んだとおり、新しい見方を与えてくれました。ワールドカップという大きなチャレンジをする選手たちに信念を与え、メンタリティを変えました。2019年春、選手たちはハードワークしながらも自信を失っていました。彼は、チームに勝てるマインドセットを注入してくれたのです。

デイブは選手との会話の内容を誰にも語りません。私も聞くことはありませんでした。選手はデイブが話さないことを知っているので、とても信頼されていました。

また、デイブは会話を重視したこともあってチームの絆は深まっていきました。それがワールドカップ成功の礎となったのです。

CHAPTER 4

やるべきことを、やれ！

GET TO WORK!

14

夢に１００％捧げろ

COMMIT FULLY TO THE DREAM

ラグビー日本代表は3年にわたる激しいトレーニングを続けてワールドカップに臨みました。わずか数試合のために3年の練習をし続ける—途方もない長い道のりです。

なかでも特に厳しいトレーニングだと言われたのが、大会3カ月前に行われた宮崎キャンプでした。

ここで私たちコーチ陣は選手たちに毎日、練習ですべての力を出し切るように求めました。４年前のワールドカップの時と比べて、２０１９年の宮崎キャンプがそれ以上だと言われることもあるのは、ジェイミー（ジョセフＨＣ）が選手たちに「世界で一番の選手」という高いレベルを求めたからです。

選手一人ひとり、GPSや心拍数を計りながら、極限まで出し切っているかどうかをデータで見ていました。しかもモニターを置いて他の選手にも見られるようにしたので力を抜いたら、他の選手にさぼっていることがわかります。

スケジュールは朝ウエイトトレーニングをしたあと、2グループに分かれて自転車マシンとローイング（船をこぐような運動マシン）を行いました。ローイングマシンはとても辛いトレーニングです。全力を尽くすことを「Empty the Tank」（タンクにたまっているエネルギーをすべて出し切れ）と表現するのですが、出し尽くすまでやらないと本当の限界値はわからない。普段から全力を尽くして限界を知り、そして限界を超えるのです。

選手たちは練習で自分の時間を犠牲にしてラグビーに100%捧げてきました。3年後の試合のために毎日何時間も練習を重ね続ける——。あらゆる誘惑を断ち切って後戻りができないところに身を置くことができる人はごくまれです。

夢に100%捧げられるかどうかで、成功するか決まります。成功は学歴や家柄、資産残高とまったく無関係です。困難な場面のなかで夢にどれだけ力を捧げられる力があるか、それだけです。

15

犠牲を払え

PAY THE PRICE

ラグビー日本代表の選手たちはトレーニングしてきた過程を頻繁に「犠牲」という言葉を使って表現していました。

リーチマイケル選手（前哨戦、釜石で行われたフィジー戦後のコメント）

「（釜石では）震災があって、（復興のために）犠牲を払っている人たちがいる。私たちはラグビーのトレーニングで犠牲を払って、そのあたりも皆さんに伝えられたのではないかと思います」

福岡堅樹（けんき）選手（アイルランド戦後のコメント）

「もう本当にこの時のためにすべての時間

を犠牲にして、この勝利のために頑張ってきたので、本当に最高です」

トレーニングによって自分の時間を犠牲にして、ラグビーにすべてをかけてきた選手たち。得られた勝利は、意義深いものであると伝わってくるコメントです。

皆さんはこのコメントを聞いて、代表選手なのだから、好きなラグビーなのだから、犠牲にできるのも当たり前、とお思いでしょうか。それは間違いです。

トップアスリートでさえも長期間持続的に犠牲を払い続けることは簡単ではありません。追いかける夢が大きければ大きいほど、成し遂げるためには長い時間がかかります。しかもその過程で、努力を続けないための理由がたくさん出てくるからです。

脳は、誘惑や失敗への恐怖などあれば、諦める言い訳をいくつもひねり出してきます。

犠牲を払うことの大事さは語り尽くせないほどあります。ただし犠牲という言葉は刺激的であり、残酷です。犠牲を払って「成功する」か、何もしないで「成功しない」か——犠牲を払わなければ、いくら立派な夢もかなえることはできないからです。

「いや、違う。特別な準備や練習もせずに、立派な成績を残している優秀な人はいる」と、あなたは反論するかもしれません。しかし私からみると、その優秀な人は、次のレベルに上がろうとしない残念な人です。

可能性があるのにそこに挑戦していない、もっと優秀になれるのに成長が止まっている……。この優秀な人より技術では劣っていながらも、上のレベルを目指して努力している人のほうが、よほど素晴らしい人だと思います。

この優秀な選手でさえも、じっくり話をすれば自己不信か失敗への恐怖が見えてくるはずです。そうした感情は、日常では無意識に隠されてしまっているので、他人はおろか自分でもさえも、気がつかないことがあります。

「超一流」や「レジェンド」になれる可能性がありながら、「優秀」でとどまっている彼らは「井の中の蛙」です。いくら良い選手だとしても、ある一定のレベルで有能な選手というだけで、安泰なポジションから次のレベルを目指すことがありません。「普通でいいから無理しない」――彼らの言い訳はいつも決まっています。

夢に向かって努力していると言いながら、「時間がない」と苦情を言う人がいます。非現実的な夢を実現させるためには家族や友人との時間さえも諦めないといけない時もあるのです。

あなたが掲げた究極の目的のためには、周りにいる〝普通の人〟が休日を楽しんでいる間でさえも自分の時間を犠牲にしなければいけないこともあります。〝普通の人〟とは違うルールで生活してみましょう。食生活から睡眠、普段の時間の使い方など、新しい自分の生き方を模索してみてください。

犠牲を払えば、とても素敵なことが始まります。心の奥に秘めていた夢はどんどん進化していって、信念はより強まっていくでしょう。

強い信念と自分への確信は、さらに犠牲を払う原動力になり、夢に必要な投資（主に時間）を続けます。最強にポジティブなサイクルです。

16

ハードワークで得られるもの

THE MAGIC THAT COMES FROM PAYING THE PRICE

ハードワークをこなせば、達成感が得られてプライドが高まります。チームスポーツでは自分がやるべき仕事が明確になり、仲間を信じることを学ぶでしょう。危機的状況にも対応できる力も得られます。

ハードワークをする上で、注意を払ってほしいポイントをお話ししましょう。

まず、しっかりした食事と睡眠、家族や友人と一緒に過ごすことが大事です。日本の組織やスポーツ団体には、行き過ぎた〝ハードワーク神話〟が残っていると聞きました。ハードワークのし過ぎも、過去の反省からハードワークをしないのも、良くありません。適切な時間、適切な分量の練習、そして適切な休息は絶対です。

また、「笑い」もとても重要な要素です。「笑い」と「プレッシャー」はバランスを考えて配合しましょう。強い相手との試合前、十分なプレッシャーがあるのに、練習から緊張させてばかりだと疲れてしまいます。時に、笑ったり楽しいことをして、緩ませることが大事なのです。

このバランスが天才的にうまいのがヘッドコーチのジェイミーです。笑いと緊張をバランスを良く押し引きするのが巧みでした。ジェイミーは体が大きくてクマのようですが、「かわいいテディーベア」と「グリズリー」という2つの顔を持っています。「緊張と弛緩」、「重圧と笑い」、2つの要素を上手に配分して選手と接するのです。

真のリーダーは配下の人間にハードワークを担わせます。その上で、任せた相手を信じることができるのです。ただし、挑戦させる内容は困難過ぎないことです。絶望感を与えず、自信を与えましょう。計画的に少しずつ上げていくのが良いでしょう。

ラグビー日本代表も試合前のトレーニングは試合直前になるにつれて激しくなるように調整していきました。試合の前日はキャプテンズランといって主将を中心に選手主導のトレーニングになりますが、その前日までは1週間で一番激しいトレーニングを行っていました。

17

本当の挑戦が
真の力を引き出す

TRUE CHALLENGE GET TOU
UNLIMITED ENERGY

ワールドカップ直前、ラグビー日本代表は、優勝候補の南アフリカと試合を行いました。

これまでの代表は、大会直前試合を「ウオーミングアップマッチ」と呼んで、下位か同程度のランクにいるチームと戦うのが定番でした。しかし日本は、結果ワールドカップで優勝することになる強豪・南アフリカと戦ったのです。ジェイミーは素晴らしい選択をしました。

体格に勝る南アフリカと戦うことで自信をなくしてしまうのではないか、怪我のリスクが高まるのではないか、という懸念の声がありました。しかしそれは「ルーザーロード」の考えです。本当の挑戦こそが真の力を生む。**本当のハードワークが本当の可能性を伸ばす**のです。

それに比べてニュージーランド代表が本番前に戦った相手はトンガでした。勝てる相手と試合をしています。日本代表と比べてまったく違う考えです。

このおよそ1カ月前、ラグビー日本代表はフィジーと戦いました。（2019年7月27日岩手・釜石）試合終了までラスト1プレーのホーンが鳴った時点で、日本は34対21と勝利は決まっていました。

この時フィジーのフォワードの選手が、日本の防御網から抜け出しラインブレイクします。196センチ100キロ、フランスリーグに所属する巨漢でした。

そこにタックルにいったのがマツ（松島幸太朗選手）です。フィジーの選手に真っ正面からタックルに行って、つき飛ばされました。試合はすでに決まっていたので怪我を気にして無理しないという選択もあったかもしれません。しかし、マツはそうしたプレーを選びませんでした。マツのタックルで相手の選手はボールを落としてしまい、試合は終わりました。

マツは自ら勇者、ライオンであることを証明したのです。彼が、ワールドカップ予選で5トライの大活躍をしたのも納得いくのではないのでしょうか。

18

時間を無駄にするな

NO WASTED TIME

成功する上で、日本代表が行ったようなハードワークはとても重要です。限界に挑戦し、不安定ななかで全力を尽くしていくと、精神も鍛えられるからです。

スポーツは本番になると予測していないことが起きます。これまでの常識が通用しなくなった時、対応するには、精神的にタフでなければいけません。

日本代表が行った宮崎合宿は、おそらく他の海外のチームではしないようなトレーニングです。しかし、〝常識〟を超える挑戦をするわけですから〝常識〟を超えたトレーニングも時には必要になってきます。

人生をドライブにたとえると、多くの人

は道路が曲がり道の少ないまっすぐな道であってほしいと望んでいます。途中での障害やトラブルは望んでいません。

安全な道をゆっくり走る人たちは、変化や困難に極端に弱い。人の道はまっすぐではありません。カーブもあれば、行き止まりやパンクすることもあるでしょう。

パンクを直す道具、それが困難に打ち負けない精神的な強靭さ＝レジリアンス（resilience）です。レジリアンスを鍛えるためには、ときに理不尽とも思えるハードワークが必要なのです。

誤解しないでほしいのは、ハードワークは決して、トレーニングした時間ではないことです。休みなく毎日12時間も練習しても、たいした向上をしていないケースは多くあります。

私の考えるハードワークの定義は**「適切な計画」「適切なやり方」で仕事をする**こと、ビジネスの世界では「生産性」と言われるものです。「効率さ」と「密度」が大事です。時間は、No.１の資源。「時間を無駄にするな」です。

19

不要なものを断ち切れ

NOT GETTING DISTRACTED

私は「決断」という言葉に「断つ」という意味があるのがとても面白いと思っています。

自分が本当にやりたい夢に向かって進むことを「決断」するということは、他にたくさんある可能性を「断つ」ということだからです。

皆さんが己の可能性を伸ばそうと挑戦するなかで、いくつもの別の可能性や誘惑が出てきます。それを断たないといけません。

日本代表のウイング・福岡選手は２０１９年のワールドカップを最後に15人制の日本代表から引退を表明して、順天堂大学医学部へ進学します。

ラグビーファンは医師を目指しながらで良いから、代表に残ってほしいと願っているでしょうが、本人は15人制と7人制の日本代表をきっぱりと諦めました。

夢が実現しなかった時のために別の可能性にも投資しておく、というやり方があると思います。これは決しておすすめできる考えではありません。最後に失敗する可能性が高くなるだけです。あっちも、こっちも、念のためアレも……などという気持ちでは何も得られないでしょう。

ほとんどの人は自分の可能性に対して〝一点買い〟をできません。壮大な夢は誰でも実現できるほど簡単ではないのです。

大事に思う夢があるならば、それが何であろうと、他の可能性を捨てなければいけません。例えば、オリンピック１００m陸上で金メダルを目指す人は世界中に相当数いるでしょう。しかし、一番になれるのは四年で一人だけです。ほとんどの人が夢をかなえられません。

ただ私は、身も蓋もない話をしたいわけではありません。こうした議論を通じて、本当の成功の意味を考えてみたいのです。

私が成功と呼ぶのは、心の底から生きる喜びに満ちた人生を送ることです。必ずしも、世界で一番になることではありません。だからこそ、皆さんの「インポッシブル・ドリーム」を今一度点検してみて、心の底から望む人生かを考えてみてほしいのです。

点検の結果、あなたの夢が本当に望むことであれば、これから払うべき犠牲について思いをはせて、「どんな代償を払ってでも絶対やり遂げる」と強く心に焼き付けてください。

大事なのは「本当になりたい自分は何なのか」ということ。素直な気持ちで自分に向き合えないままコーチや家族と接していると、あなたの夢は文字通り儚(はかな)く消えてしまうでしょう。

10年も20年も〝無駄プロジェクト〟に投資し続けているのかもしれません。人生の最後に残るのは、涙・後悔・不幸、そして負債だけになるかもしれません。そうだとしたらとても悲しい。しかしそれも自分の責任でしょう。

毎日心が躍る生活を送るチャンスを見逃してしまう代償は、それほど大きいのです。**本当になりたい自分（夢）を見つけましょう。**

20

成功する習慣

HABIT OF GREATNESS

私の父は、牧場の羊飼いでした。1週間でおよそ2000円が給料で、6週間ごとに片道100キロ離れた町まで家族で買い物に出かけていました。

天気が良ければ両親がフィッシュ&チップスを買ってくれて、それを海辺で食べました。たまにトマトソースをつけてくれたのが、今でも懐かしく思いだされます。

「ささいなことを大事にしなさい」「価値のあるものは簡単には手に入らない」「欲しいものがあるならハードワークしないとダメ」ということを両親から学んだと思います。

心理学者になって20年ほどになりましたが、両親から得た教訓が今なお重要な意味を持っている気がします。

夢に対して犠牲を払うということは費やした時間ではなく、やるべきことにいかに適切な時間を費やしたか――集中と密度が大事です。

私はスーパーラグビー・チーフスで仕事するようになってから、選手を「努力の精度」が高い順にあわせて「青」「黄」「赤」と図表2にあるように3つのグループに分けるようにしました。

「赤：十分にやらない」「黄：ほどほどにやる」「青：いつも余分にやる」

成功する人は、正しい習慣が身についていますので「青」グループ。成功しない人は、「黄」「赤」グループです。

図表2ではイメージをつかみやすくするためいくつかの例を書いています。もちろんビジネスや勉強でも応用できるものです。皆さんはどのグループでしょうか。

図表2「努力の精度」チェック表

いつも余分にやる（青）	ほどほどにやる（黄）	十分にやらない（赤）
練習を毎回行う	基本、練習はチーム練習のなかでこなす	基本練習は行わない
早めに到着して準備に余念がない	時間通りに来るが、早く来たり、遅くまで残ることはない	練習には一番遅く現れて、一番早く帰る
要求以上の課題を行う	与えられた課題があれば、見栄えが良い程度にやる	課題はやらない
練習がキャンセルになるのを嫌がる	寝るチャンスがあれば寝る	チームルームの清掃はおろか、自分の周囲も整理整頓しない
コーチがいなければ自分で練習する	チーム練習がキャンセルされたら、ラッキーだと思う	不平不満や悪口をいつも言っている、青チームをけなす
自分が大変になったとしても周囲を助ける	助けるように言われたら助ける／得する時だけ助ける	仲間を助けないで、失敗するのを見て喜んでいる
適度な食事、適度なアルコール（もしくは飲まない）	たまに暴飲暴食する	頻繁に暴飲暴食する
余分な脂肪がない	余分な脂肪があまりない	余分な脂肪が多い

２０１１年シーズン、スーパーラグビーのチーフスは15チーム中10位に落ちてしまいました。当時の選手たちをこの表に落とし込んでいくと「青」グループにいたのはわずか6人で、「黄」は5人でした。残り24人が「黄」と「赤」の間か、「赤」でした。悪い習慣・態度だったことを考えると、10位になったのも仕方ないことだったと思います。

チーフスはその翌年から2期連続で優勝しています。その時は3、４人が「赤」グループだったことを除けばほとんどが「青」もしくは青と黄色の間のグループに属していました。

日本の東芝ブレイブルーパスでも長くプレーした元オールブラックスのリチャード・カフイ選手もその一人です。

ラグビー日本代表は、31人のうち何人が「青」グループだったと思いますか？

答えは、全員です。

じつは、私のコーチングキャリアのなかでもこれほどのチームは見たことがありません。彼らの練習する態度、意欲、密度は、ニュージーランドのプロチームをはるかにしのぎます。

ニュージーランドのプロチームは、日本代表のようなトレーニングはできないでしょう。

「青」グループのような良い習慣を身につければ成功するのです。

こうした習慣の蓄積が精神力と勝負強さを生むことにつながります。「青」グループで居続ければ、何が起きても動じない心と犠牲を払い続ける強い心が育ってきます。

このマインドセットの重要性は、個人競技でも、ビジネス、学校でも……どんなことにでも当てはまります。

もしあなたのなかでうまくいっていないことがあるとしたら、「青」グループにいないからかもしれません。

21

精神の耐久力と強さの強化法

HOW TO GROW MENTAL TOUGHNESS THROUGH THE PATIENCE MIND GYM

アスリートを含めた多くの人が「青」の日課を続けることはとても難しいと感じるでしょう。最初の数カ月はうまく機能するかもしれませんが、突然すべてがダメになってしまう、なんてことはよくあることです。

心の集中力、強さ、持久力はどうやったら鍛えられるのでしょう。

ここで私がスポーツ心理学のキャリアのなかでたどり着いた「忍耐力養成法」を紹介したいと思います。

それは、細かくて我慢強さが求められる作業を日課としてやり続けるというものです。

私が普段やっているのは「皿洗い」です。

毎朝と晩、どんなに疲れていても必ずやります。

皆さんは、「忍耐力養成法」が「皿洗い」と聞いて、拍子抜けしたかもしれません。

しかし、「皿洗い」は驚くほど効果があるのです。私は毎朝晩・あわせて1時間半、どんなに忙しくても「皿洗い」を続けることで、精神がタフになって、今までであれば途中で投げ出していたような仕事も最後までやりきれるようになりました。

「皿洗い」をやりたくない時には、心のなかでこうつぶやきました。「休む前に仕事をしなさい」「最後までやりなさい」「我慢してやりなさい」——。子供のお説教のようですが、やりきるととても大きな影響が出たのです。


「忍耐力養成法」の例をいくつか挙げます。

- **複雑な編み物を毎日少しずつ完成させる**
- **庭の草むしり、エリアを決めて少しずつ**
- **ジグソーパズルを毎日少しずつ（絵柄は興味のないものが好ましい）**
- **毎日ストレッチや呼吸法を行う**

「忍耐力養成法」に取り組む上で重要なのは、その人にとってつまらなくて、すぐにでもやめたくなるもの、やる気をそぐようなものが良いでしょう。飽きてきてやめたくなったら次の言葉を自分に投げかけて踏みとどまりましょう。

「我慢強くなれ」「これをやりきるぞ」「やれるよ。落ち着いて」

この訓練によって、諦めたいと思った時や我慢できなくなった時に無意識のうちに仕事を完遂する力がみなぎってくるはずです。

マイケル（リーチマイケル選手）は、常々試合で「辛い時にどれだけやれるかが大事」と言っています。

疲れている時や劣勢の時は、我慢強さを失って闘争心をなくしてしまいます。忍耐力の大事さを知っているマイケルならではのコメントです。

EXERCISE 4 「犠牲」を払っていますか？

■あなたが自分の夢に対してどれだけ犠牲を払ったかを見るために、次の質問に答えてください。

先週、あなたは自分の夢に対して何時間費やしましたか？

答え：（　　　　）時間

自分が書いた答えを見て、心に浮かんだことを書いてみましょう。

■次に、自分なりの「忍耐力養成法」を考えてみましょう。

書き出したら、明日からと言わず、今日からやりましょう。

VOICE 3 BRAVE BLOSSOMS

デイブがいなかったら、活躍できていたかわからない――

田村優（キヤノンイーグルス）

デイブ（デイビッド・ガルブレイス氏）がいなかったら私は活躍できたかわからないので、彼にはとても感謝しています。

デイブは優しくて選手とコーチの橋渡し役でもありました。人としても器が大きくて知識が豊富でした。ワールドカップ初戦のロシア戦で思うようなパフォーマンスを発揮できなかった時、ジェイミー（ジョセフヘッドコーチ）からは「期待外れ」だと怒られました。そのあとデイブと話をした時に「ユウ（田村）へのプレッシャーは大きいよ」と緊張していた私にアプローチしてくれました。人の気持ちの受け止め方が常に肯定的でした。

ロシア戦のインタビューで「緊張して、１週間くらい眠れていない」と言ったのですが、「自分の弱さをさらけだせたことは素晴らしい。完璧でなくて良いのだ」と言ってくれました。

デイブとは、メンタルを切り替えて、アイルランド戦までどう準備すべきか話し合いました。アイルランド戦、最初のゴールを失敗することを想像して、どうやって気持ちを立て直すか……。具体的には、失敗したあとでも、深呼吸で集中モードにメンタルを切り替えるイメージトレーニングをしました。

デイブからは「完璧である必要はない。縮こまって成功するくらいなら、思いっきりやって大ゴケしたほうが良い」と言われていました。

「結果ではなく課程を大事にする、完璧から脱却するチャンス」だと、やるべきことを十分準備したあとで、あとはなるようになる、と考えられるようになりました。それで勝てなければ相手が強かったと思うしかない。

そして、自分にウソをつかない――、これは今も所属するキヤノンで伝えていることです。

CHAPTER 5

「結果は二の次」思考

LET THE OUTCOME TAKE CARE OF ITSELF

22

失敗でも成功しろ！

TO FEEL SUCCESSFUL EVEN WHEN FAILING!

ワールドカップ2019の初戦ロシア戦、司令塔でキッカーのユウ（田村優選手）は明らかに緊張していました。他の選手たちにも緊張が見られましたが、彼はキッカーですから一人でプレーする時間もあるので目立っていたのです。

ユウの異変はキックするまでの動作にも現れていました。ボールを置いてからキックをするまでの動きがいつもより早くなっていました。「ゴールを外す恐怖から逃れたい」と、無意識に動きが早くなっていたのです。

試合後、ユウは「勝たなくてはいけないプレッシャー」があったと語り、「大会10日前からずっと眠れなかった」と率直に語ったことで周囲を驚かせました。

そして、ジェイミー（ジョセフＨＣ）は、私に「ユウを助けてほしい」と言ったのです。私はユウに対してこう問いかけました。「ユウ、キックの目的は何だ？（得点という）結果を求めているだろうが、それは違う。目的は、キックすることだ。ただキックすれば良いのだ」「完璧でなくて良い」と伝えました。

さらに、「ユウの成功は点数を決めるかどうかではなく、思いっきりキックを蹴るかどうか」と伝えました。「キックは勇気」「キックは心と魂」「結果はユニバース（運命）次第だ」――。結果は二の次であると。

ちなみに、「universe／ユニバース」という言葉は「宇宙」という意味ですが、〝運命〟という意味あいで頻繁に使っていた言葉です。精一杯やったあと、それ以上は自分ではコントロールできない――運を天に任せようと。


皆さんもご存じの通り、その後のユウは素晴らしい活躍を見せました。予選プールで三連勝、スコットランド戦前の会見では、緊張したという言葉がウソのように、言葉に自信が生まれていました。

「大きいプレッシャーはかかっています。でも、（重圧は）軽減されることはありません。完璧を求め過ぎずシンプルに100％楽しむだけで、ミスしようと何しようが僕ですし、日本だと思います。そういう考えになるとプレッシャーを意識するより、試合で100％出すという気持ちが先に出てくる」（田村選手、スコットランド戦前の会見）

ユウは「成功しなければいけない」というプレッシャーから解放されたのです。

じつは、ユウはこの会見時、試合日程を間違えていました。チームスタッフに修正されたのですが、それほどラグビーに集中していたのです。

「結果はあとからついてくる」「相手が誰かは関係ない」「全力でプレーしただけ」など、成功するアスリートが結果にこだわっていないとインタビューで語るのを聞いたことがあるのではないでしょうか。

人が生きるために呼吸をして、食物を欲するのと同じように、心が健康になるためには多くの〝栄養〟が必要です。なかでも**最も重要なものは「成功感覚」――うまくいっていると感じること**です。

人は誰しもうまくいっていると感じたいのです。精神がどんなにマッチョな人だとしても、体に水が必要なのと同じように心には「成功感覚」が必須になります。
「成功感覚」は、自分を信じる力や自信を持たせてくれます。すると野心がわき上がり、これが原動力になって情熱とハードワークへの意欲につながります。この「成功感覚」の循環は、対象が何であれ、何かを成し遂げたい人にとってとても重要です。自らの可能性を追求するのであれば「成功感覚」を持ち続ける方法を学ばなければなりません。

たとえ失敗しているような時でも、結果に関係なく、成功している感覚が大事なのです。失敗していても成功している感覚。エキセントリックな言いまわしですから「あなたは何もわかっていない。それは不可能だ」と批判するコーチが多いことも想像できます。しかし、追い詰められた状況でも、成功しているような感覚を保てることこそ究極の精神状態です。それが潜在能力を解放して、停滞した現状から抜け出せる方法なのです。

そもそも失敗とは何でしょうか。成功か失敗かは、すべて心の持ち方次第です。成功だと思えば〝失敗〟も成功です。成果（勝敗）を気にしなければ、常に成功をした気持ちになれるのです。

そこで私はこれを「結果は二の次」思考と呼び、多くのアスリートのメンタルトレーニングで実践しています。

「結果は二の次」思考では、成功も失敗もありません。もし失敗があるとしたら、物事に取り組む姿勢や努力が十分でないか、諦めた時です。

「結果は二の次」思考が素晴らしいのは、物事がすべて自分のコントロール下にあるということ。試合の勝敗や試験結果など状況や運、その他不確定の要素が作用するものに対して、心の焦点をあてません（例：自分より頭の良い人が受験生だったら合格はできない）。

スコットランド戦の前、日本列島は甚大な台風被害に襲われました。予選トーナメントの大一番は開催されない可能性が十分ありました。
試合が行われても、グラウンドコンディションが不安にならないか、と聞かれたガキや姫野はこう答えていました。
「台風についてはは我々がコントロールできる部分ではないのでまったく気にしていないです」（稲垣選手）
「台風が来ていますけど、そこの部分はコントロールできないですし、チームとしても個人としても、今まで通りの準備にフォーカス（集中）してやっています」（姫野選手）

天気はコントロールできないことだから、試合がやれるかどうかは気にしない。自分のやれることにフォーカスするというのです。

試合を望んでいたのは何よりも選手たちでした。スコットランドに4年前の雪辱を果たして、決勝トーナメントに進出を決めるのは、最高の筋書きです。しかしそれでも天気やコンディションはコントロールできない——選手たちの気持ちがぶれていないのが良くわかると思います。

結果を気にせず、プレーを楽しもう

代表の選手には次のような言葉で、結果を意識しないように伝えました。

「みんな結果を意識しすぎて、硬直してしまっている。

たとえると、結果はケーキの表面みたいなもので、スポンジという土台がしっかりしていないのに、クリームとかデコレーションをたくさんつけても意味がない。土台を作り上げて、一層ずつ積み上げてケーキを作っていこう。

ベスト8の目標は脇において、結果ではなく、やるべきプレーを思う存分楽しんでやろう。タックルやりたくてしょうがないとか、本能的な気持ちを大事にしよう」

23

自分らしく生きる

EXPRESSING MYSELF

次に、「結果は二の次」思考をマスターする方法について語りたいと思います。この本で最も重要なパートと言っても過言ではありません。

「ビクトリーロード」は、結果がすべてではないと考える人が歩く道だからです。少し踏み込めば、この本すべてを使って説明していることは、〝成功の定義〟です。成功とは、あなたが何をして、どう生きたかなのです。

人生において大成功している人は「結果は二の次」思考を体得しているように思います。彼らは悪い状況のなかでもポジティブさを忘れません。失敗は最高の友達だと、ハグして迎え入れていますし、いつもニコニコしているように思えます。

元ＮＢＡ選手のマイケル・ジョーダンは「俺は、これまで９０００本のシュートを外してきた。勝敗が決まる決勝シュートを任されながら26本も外してきた。人生に何度も失敗してきた。それが成功の理由だ」と語っています。

成功するアスリートは、失敗について考えることはありません。彼らの住む世界には「失敗」の2文字は、辞書登録されていないでしょう。彼らは、結果を気にはしますが、重きを置かない——。

そんな風に考えられる人生は、精神面が健康で充実しています。**〝自分らしく生きる〟という考えが精神のコアにある**のです。それは世界で一番重要なことだと思います。〝自分らしく生きる〟ことは、未知の可能性が爆発的に開花していくことにつながるのです。

「結果は二の次」思考は最も大事な考えです。そして、この章でまもなく述べる**【**成功の法則**】**は、自分にとって最も重要なことを見つけるスタートラインです。ぜひ、皆さんにとって一番大事なこととして位置づけてほしいと思います。アスリートだけでなく、コーチやビジネスパーソン、学生、家族に対してもこの大事さを話しています。

24

勝利至上主義は正しいか？

WINNING IS NO.1 PRIORITY?

「結果は二の次」思考は、人の生き方につながる本質的な考えです。

「結果は二の次」思考の話をすると、「結果が出ないと困る」「結果を考えないと、やる気が出ない」と訴えてくるアスリートが多くいます。この考えを突き詰めると「勝利至上主義」になっていきます。果たして、「結果」は究極の目的でしょうか……。

「勝利至上主義」は、いくつかの段階で間違いです。

そもそも、スポーツとは何でしょうか。スポーツとは、プレッシャーのなかで挑戦すること、自分らしくプレーすることだと、私は考えます。

試合を通じて自分の可能性を広げていくことこそが、スポーツであって、過去の成績やスコアを守ることに固執するのが、スポーツの本質ではないと思います。スポーツは記録（結果）ではないのです。記録は、まさに皆さんの預金通帳みたいなもので、一時的なものであって、人生のなかの比重は決して大きくありません。

「結果を求めない」ということは楽に聞こえますが、実際は逆です。「結果は二の次」思考では、良い結果が出ても、それで終わりません。勝負に関係なく、決められた計画に従って、心が喜ぶことを自問自答しながら進めていきます。「成功」＝「努力」なので、勝っても負けても努力し続けていくのです。いばらの道ですが、歩き続けましょう。

「ビクトリーロード」の考えにそって、計画的にハードワークを続けてください。そして、「やらなければいけない」から「やりたい」のマインドセットに徐々に舵を切ってください。

練習やトレーニングは「やらなくてはいけないもの」という強制ではなく、「スポーツが大好きだからこそトレーニングする、したい」――衝動に駆られるような感覚を手に入れてください。

25

【成功の法則】とは？

SUCCESS RULES

ハードワークを続けるためには、メンタルの栄養素「成功感覚」（＝達成感）を与え続ける必要があります。「成功感覚」は、自らが成功と思える〝基準〟をクリアさえすれば、簡単に得ることができます。

自分の基準（＝スタンダード）を超えれば、成功した感覚を得られる、というのは理解しやすいと思います。

基準という言葉を「自分に求めるもの」「自分に期待すること」という言葉に代えても良いでしょう。

メンタルを強くするために、自分のスタンダードを作ってそれに従っていきましょう。自分が自分であるための基本ルールです。私はこれを【成功の法則】と呼んでいます。

「結果は二の次」思考に基づく【成功の法則】はとても重要です。

皆さんが何かに本気で取り組んでいるのであれば、その過程で失望、怒り、悲しみ、挫折感を持つのは当然です。ところが**【成功の法則】があれば、たとえ失敗と言えるような状況にあったとしても、失敗どころか成功している感覚になれます。**なぜなら、あなたは最高の努力をしたからです。

自分の心が喜ぶ基準に従って努力する【成功の法則】を学び実践すると、とてつもない困難に直面しても、自分を信じる力を持ち続けることができるでしょう。

これに加えてモチベーションがものすごく上がって、結果としてパフォーマンスが伸びて、次の準備に向けてより一生懸命取り組む――プラスの循環がついてきます。

すると成功している感覚がさらに増して、自信も積みあがり、スキルも伸びていく……【成功の法則】から美しいサイクルが生まれてきます。

26

間違った【成功の法則】について

UNHELPFUL SUCCESS RULES

次に、【成功の法則】が悪いサイクルの場合についても話します。この本でたびたび触れている通り、失敗への恐怖・自己不信・パフォーマンス恐怖症などが強ければいつも失敗している気持ちに陥ります。

この状態にはまると、いくら素晴らしい結果を残していたとしても、失敗している感覚を持ち続けてしまうでしょう。ニュージーランド国内でも、世界トップレベルにいながらも、不安に押しつぶされそうになっているアスリートが多くいます。驚くとともに悲しい現実なのですが。

なぜ、このようなことが起きるのでしょうか。次のようなことが想像できます。

自らの成功の基準を実際のパフォーマンスに照らし合わせる → 基準を満たさない部分が多く見つかる →「ダメだった」という言葉がリフレインし続ける

「ダメ」「ダメ」「ダメ」とイメージと言葉が頭のなかで響くのです。いかに惨めな気持ちか想像できるでしょう。良い結果を出しながらも失敗した気持ちでいる人の心は、こんなにも混沌とした状態なのです。

高度なレベルが求められるミッションでは人は、短い時間に数えきれないミスをします。そのたびに、頭に「ダメ」がリフレインされる——想像を絶するネガティブな圧力です。こんな底なし沼に両足を突っ込んだような状況で自信を保って立ち続けられる人など一人もいません。精神の病をいつ煩ってもおかしくないでしょう。

憂鬱な状態で意欲的に練習などできませんから、パフォーマンスのレベルは下がる一方です。この負のサイクルに、一度陥ったら簡単に抜け出せません。時限爆弾のように、あなたの夢を一瞬で吹き飛ばすでしょう。

【成功の法則】に従って行動しているのに、うまくいく人といかない人がいるのはなぜなのでしょうか。それは、【成功の法則】そのものに間違いが起きているからです。

これは皆さんにとってもお馴染みの光景です。バットを折る野球選手、スクラムで押されてイライラしながら相手につかみかかるラグビー選手など枚挙にいとまがありません。こうした行動は間違った期待（【成功の法則】）に無意識のうちにコントロールされているのです。

間違った【成功の法則】がどれだけ悪影響を与えるのか、私の経験をお話ししたいと思います。

長女が2歳の時、私は家で家事をしていました。妻は間もなく仕事から戻ってくるところで、実家から私の父親が訪ねてくる予定でした。

私は「完璧な息子であり、夫であり、父親でありたい」という【成功の法則】を持っていましたので、部屋の片づけと皿洗いを戻ってくる前に終えて〝完璧な〟状態にしたいと考えていました。

私は食器洗いに夢中になっていましたが、2歳の長女は退屈で、ぐずり始めました。

当時、私は子供に次のことを期待していました（【成功の法則】）。

- **子供は大人のように行動すべき**
- **ぐずぐずしない、泣かない**
- **いつも完璧に行動する**
- **言うことに無条件に従う**

家族が集まる時間は迫るなかで、片づけは終わらない、娘は泣き続ける、〝完璧な男〟へ大きな重圧が襲ってきました。ただ、娘は純粋に遊んで欲しかっただけと思います。私は皿洗いを続けながら、長女に泣くのをやめて自分の部屋に戻るようにきつく伝えました。彼女はさらに泣き続けて、キッチンと玄関の間をウロウロし始めました。すると、突然ガンガンと、ガラスの扉に自らの頭をぶつけ始めたのです。そこで初めて作業を止めて、彼女のもとに向かいました。

私は、いつも不幸せでした。もし何か問題が起きたらどうしようと不安でいっぱいで、目に見えないプレッシャーに押しつぶされそうでした。

「ミスはしてはいけない」「低評価を受けたくない」と自分のルールを作っていました。完璧な人間という虚構の殻に隠れていました。10代の頃、私はゴルフで将来を期待される選手でしたが、いくら結果を残しても、成功した感覚を持てませんでした。

結婚し子供を授かったものの、不幸せな気持ちではうまくいくはずもなく、家庭生活も危機的状況でした。しかし、娘が2歳の時の事件をきっかけに、私は変わり始めました。「結果第一主義」に本当の成功はない、「結果は二の次」思考が人を幸せに導くという事実に気がついたのです。

あの事件が起きてから、子育ての【成功の法則】を改めました。それからというもの、私の言動や家族関係は格段に良くなりました。

これが新しく作った【成功の法則】です。

- **子供はいつも自分らしくあれ**
- **子供は泣く／ぐずる**

・**家事よりも子供優先**
・**毎日一緒に遊ぶ、子供との時間は最優先**
・**子供をいつも楽しませる**

ルールを変えたことで子供とも、妻とも関係が良くなりました。何より父として夫として、自分がリラックスして過ごすことができました。良かったら参考にしてください。

・**鬼ごっこをやる／くすぐる**
・**週末の朝はアイスの日**
・**家のなかにテントをはってホームキャンピングを楽しむ**
・**公園で好きなだけ遊ばせる**
・**子供がボスの日を作る。ルールは親が子供の言うことに従うこと（お金はかけない）**

私の子育ての**【成功の法則】**は「楽しむこと、笑うこと」です。
「愛情たっぷりのお父さん」とも言えますね。

27

成功の意味とは何か

THE MEANING OF SUCCESS

【成功の法則】は成果にとらわれることなく、自分がコントロールできることだけに目を向けているので、心がぶれません。また、重圧のなかでもタフなメンタルを発揮できます。

もちろん結果は求めますが、成果や勝敗は他のことと比べて重要度が低いということです。

スポーツに限らず、優秀なビジネスパーソンは出世に固執していないでしょうし、成績優秀な学生は試験の点数より、知的好奇心を探求することに熱心でしょう。

勝ち負けにこだわる以上に、自信を持って穏やかな精神状態で集中することこそが最高のパフォーマンスをするために重要です。純粋かつ自由な心でプレー（仕事、勉強、子育て）することは、自分らしく生きることにつながります。

この話をする上で私が頻繁に引き合いに出すのが、2011年の全米オープン、ノバク・ジョコビッチ対ロジャー・フェデラーの準決勝です（試合は、全米オープンのオフィシャルYouTubeチャンネルでも見られます。百聞は意見にしかず）。

ゲームカウント同点で迎えた第5ゲーム、セットカウントは5対3、40－15とジョコビッチは王手をかけられていました。何万人の観衆が注目する中、圧倒的な不利な状況でした。普通、このような状況に陥ったアスリートは、思い切ったプレーはできません。

しかしジョコビッチは違いました。ジョコビッチは、勝負を決めにいったフェデラーのサーブに対して、相手コートのラインすれすれを狙って、リターンエースをとったのです。少しでもずれればアウトになる危険なプレー。ジョコビッチは、崖っぷちに立たされながらも大きなリスクをとりました。

精神の強さを見せた決定打（ウイナー）でした。ポイントをひとつ取っただけですから、ジョコビッチの不利な状況は変わっていません。

ここでジョコビッチは、観客をあおります――「勇気あるショットにもっと褒めたたえてくれ」と言っているようでした。重圧のなかで、リスクをとれたことに喜んでいたのです。自分らしくプレーするとは、まさにこのことです。

このプレーがきっかけで試合の潮目は大きく変わりました。フェデラーも素晴らしいプレーを続けましたが、ジョコビッチの勢いを止めることはもはや不可能でした。

この大逆転勝利が私に教えてくれたことは、〈成功とは大きく失敗すること〉〈成功とはボールを思いっきり打つこと〉〈成功とは純粋にプレーする勇気〉〈成功とは重圧を受け入れて果敢に前に出ること〉〈成功とは楽しみ・突き進むこと〉でした。

彼らが一番求めているのは、勝敗よりも自分らしくあること。その精神は何よりも尊いのです。可能性には限界がありません。私はそんなアスリートと会うと嬉しくなって、さらに高みを求めます。

EXERCISE 5　力強い【成功の法則】を作ろう

ジョコビッチの【成功の法則】は、「成功とは大きく失敗すること」「成功とはボールを思いっきり強く打つこと」「成功とは純粋にプレーすること」「成功とはプレッシャーを受け入れて、勇気を持って前に進むこと」でした。

一方で、「成功とは完璧であること」「成功とはミスをしないこと」「成功とは間違った判断をしないこと」は【成功の法則】ではありません。

ここで最も大事な質問です。あなたの【成功の法則】は何ですか？

書いた【成功の法則】を見て、自分を奮い立たせるのに役に立ちそうでしょうか、それともこれ以上良くはならないと不安にさせるものでしょうか。

書き出した【成功の法則】が、役に立つものかどうか慎重にテストしてみましょう。

「最悪の日に【成功の法則】を自分に言い聞かせたら、どんな気持ちになるか？」を考えてみてください。最悪な日にも、成功した気持ちになれるのであれば、その【成功の法則】は素晴らしいものだと言えます。

さて次は、あなたの【成功の法則】を日常に習慣的に組み込んでみてください。

【成功の法則】が「ボールを思いっきりたたく」であれば、試合前のミーティングで飾りのない言葉で話をしてみましょう。

例えば、

・人の話を敬意と関心を持って聞く、メモをとる

・次に、話す順番がくるまで待つ
・話す順番がきたら、プライドを保ちながら静かに率直な会話をする

率直に話をするという習慣を身につけると、〝正しい〟ことを言っているかどうか気にならなくなります。こうした習慣が、「思いっきりプレーする」という考えにつながっているのが理解できると思います。

28

「完璧主義者」のつらさ

ARE YOU PERFECTIONIST OR IMPERFECTIONIST？

スポーツ心理学者になる前、私は心理学者として鬱病や不安を訴える患者に接してきました。彼らは大概、うまくいっていないことをいくつも並べたあと、その原因は「完璧主義者」だからだというのです。「完璧を求めるあまり、小さなミスも気にしてしまう」と——。

私は「完璧主義者なのに、なぜ否定的なことばかり話すの?」「ダメな部分にばかり見るのは、完璧主義者がやることではないのでは?」と答えるようにしていました。

「完璧を求める人であるのなら、自分の良い部分とか、強みについてだけ教えくださいい」とお願いしました。

すると驚くことに、患者の表情はすぐに明るくなりました。最初に会った時と比べて、肩の荷が下りたように笑顔になるのです。一言で、ここまで変わるのです。

それから不安がある人には、喜びや幸せを感じたことを書き留めてもらうようにしました。

ミスを気にせず、良いことだけに注目する――。私はこれを〝完璧だけ見る主義〟と呼んで、アスリートたちにも応用するようにしました。ラグビー日本代表の選手たちにも「完璧である必要はない」と伝え続けたのです。

〝完璧だけ見る主義〟は、自分を信じる力を育て、それが熱意とやる気を生むことを発見しました。

一方、「ミスの原因を探れ」「トライ&エラー（試行錯誤）」とよく聞きます。世間では、ミスに注目するのが常識のようです。しかし、トライ&エラー（試行錯誤）は、必ずしもプロジェクト達成の近道ではありません。

29

「失敗」とどう向き合うか

PERFECTION EXISTS AND OCCURS FREQUENTLY

〝完璧だけ見る主義〟とは、ミスに注目しない生き方です。子供の笑顔、すがすがしい朝日、自分が健康でいること、すべて完璧です。

明確な目的と緻密な計画を持って、一つのミスに慌てず、安心してミスを無視しましょう。

この考えは、皆さんのコーチや先生たちから反論があるかもしれません。一般的には、「ミス（失敗）は多くを語る」と言われています。ミスを探さないと不安になるのではないかと疑うほど気にしています。「人は失敗から学ぶ」という思い込みがあるからです。

しかし、「同じミスを二度としないように修正する」という考えからは、失敗を恐れる気持ちが見てとれます。これは失敗への恐怖から行動する「ルーザーロード」です。

これに対して、「ビクトリーロード」は、悪い状態になることを恐れません。

じつは、トライ&エラーは心理学的にも有益でないことが証明されています。人間心理に、気にしていることがまた起こるという法則があります。例えば、ミスに注目していると、無意識に同じミスを繰り返す可能性が高まるというものです。

トライ&エラーは、ミスを集めているだけ――成功の近道では決してなく、「完璧主義」に比べて時間がかかってしまいます。

広く認められた心理学の法則を説明しても、違和感を持つ人はいます。思い込みを排除して心をオープンにするのが難しい人たちです。良い考えが近くにありながら、もったいないと思います。

うまくいっている時は「完璧主義」でいるのは簡単です。試されるのはどうしようもない失敗をした時です。プロアスリートであれば、メディアの批判も待っています。どんな雑音があっても、ミスに注目しないことが重要です。

30

心躍らせる魔法の言葉

MAGIC LANGUAGE

皆さんがプロアスリートだとして、大事な試合で負けたあと、カメラを向けられたことを想像してみてください。さて、どのように答えますか。

失敗を気にし過ぎないための便利な言葉があります。

「負けて悲しい……」と素直に話すことです。勇気を出して、悔しい気持ちを表現するのです。「今日わかったのは、勝つためにはもっと準備が必要だということです」と語るのも良いと思います。

負けを認めるなんて……などと思わないでください。本気で勝負して負けたのであれば、ありのままの自分を受け入れる勇気を持ちましょう。

成熟した強いメンタルの持ち主は、素直に学ぶことができます。勝敗の原因を天気やレフェリー、寝不足やケガのせいにしません。誰も責めないのです。だから負けても勇気を持って「気持ちを込めたプレーができてとても誇りに思います」と言えるのです。成功した感情のままで居続けるのです。言葉を言い換えるだけで失敗していても、成功したように強く感じられるのがわかるでしょう。

前向きに一日を振り返って、良い気持ちで睡眠をとりましょう。

他にも、次のような言葉を自分に投げかけてみてみましょう。スポーツだけでなく、ビジネスでも、学校でも、メンタルが強くなります。

- **今日一日、最高の記憶に残っていることは？**
- **今日学んだことで、次に役立つことは？**
- **今日一日で誇らしかったことは？**

例えば、私は子供に「今日一日学校で一番楽しかったことは？」と聞くようにしています。こうした質問は、考え方をポジティブにすると思いませんか。これらの言葉は人に自分を信じる力も育てます。

これらの言葉が与える心理学的なインパクトは、計りしれません。脳は記憶の貯金箱です。貯金箱に良い記憶をたくさん残しておくことが重要です。

以下、心を躍らせる「魔法の言葉」を引き出すための質問例です。

- **今日もっとも誇らしかったことは？**
- **今日一日、学校（職場）で学んだことで、明日以降に役に立ちそうなことは？**
- **今日一日諦めないで頑張れたことは何？**
- **人生で、最高の思い出は何？**
- **戦略プランがうまく機能していると思えることを教えてください**

- 今日マスターしたことのなかで、将来ライバルたちよりも優位に立てそうなことを一つ教えてください
- 夢の実現に一歩近づいたことを一つ教えてください
- 今日のパフォーマンスのなかで自分が一番好きなところは？
- 試合のなかで一番メンタルが強かったのはいつでしたか？

EXERCISE⑥「魔法の言葉」で問いかけよう

先の質問のなかから、好きな言葉を3〜4つ選んでみてください。自分用にアレンジしてもかまいません。

そして、その言葉を一日を振り返る時に、自らに問いかけてみてください。自分だけでなく、パートナーや家族、子供、職場の同僚や部下にも問いかけてみましょう。

VOICE 4 BRAVE BLOSSOMS

「先祖を知れ」の言葉で、自分以上の存在になれた！

姫野和樹（トヨタ自動車ヴェルブリッツ）

デイブ（デイビッド・ガルブレイス氏）が伝えてくれたことのなかで一番印象に残っているのは、「先祖を知れ」ということです。とても新鮮な考えでした。
「先祖を知れ」と聞いても、それがメンタルとどう関係があると不思議に思うでしょう。でもそれが、私が試合中“ゾーン”に入る上で非常に力になったのです。

ミーティングのあと、選手たちはそれぞれの先祖を調べました。私も連絡をとり家族の歴史を調べました。その後、選手たちは各々の先祖について調べた結果をミーティングの場でプレゼンテーションしたのです。

さらに、この言葉を聞いてから私は日本の歴史に興味を持つようにもなりました。自国の歴史を知り、日本人の誇りを持てるようになったのです。

日本のジャージを着て、日本の力を証明しようと、自分の力以上の力が持てた気がします。国歌斉唱のときには、ゾーンに入りすぎて涙がたくさん出てきました。

先祖を調べることで「歴史の積み重ねのなかに自分がいる」ということがわかり、自分が自分以上の存在になれ、力がわいてきたのだと思います。

「ライオンになれ！」という言葉もそうですが、
デイブは選手に響くような言葉を持っていて、
常に選手に寄り添い、チームの心のよりどころ
になってくれました。

CHAPTER 6

最強の精神状態「ゾーン」

"ZONE" SUPER HUMAN
WHO COULD DO ALMOST ANYTHING

31

負ける気がしない「鳥肌の瞬間」

GOOSE BUMP MOMENT

「スポーツで最も重要なものは?」――この質問に私は、すべてのパフォーマンスが完璧にできる精神状態「ゾーン」に入ることと答えます。

ゾーンに入った経験をアスリートたちが語る時、必ず、鳥肌がたつそうです。なので私は「鳥肌の瞬間」とも呼んでいます。「鳥肌の瞬間」――アスリートは本能的にプレーをします。試合後、プレーそのものを覚えていない選手も多いのです。

「時間が経つのがとても早く感じた」「ボールが止まって見えた」「負ける気がしなかった」「競技場全体を俯瞰(ふかん)するかのように見えていた」……、体と心の動きが調和した状態だと語る選手もいます。

この特別な瞬間を見るのが楽しくて、メンタルコーチの仕事をやっていると言っても過言ではありません。

ゾーンに入れば、楽器の演奏、企画のプレゼン、趣味で行っている絵画など、アスリートに限らず、どんなことでも素晴らしい能力を強いプレッシャーのなかで発揮することができるでしょう。

ゾーンに入れることを学ぶことは、精神力を鍛える方法につながると考えてください。

強いプレッシャーの中でゾーンに入るためには、パフォーマンスの前に感情をコントロールする必要があります。それが上手にコントロールできないと、特にパフォーマンスが悪いときに、感情は良いプレーの邪魔になってしまうのです。

「限界を超えた力を生み出す鳥肌の瞬間」=「ゾーン」に入るためにはどうしたら良いのでしょうか。

3つの鍵は、①「アイデンティティと祖先」、②「リラクゼーション」、③「イメージトレーニング」です。この3つをうまく調和させることができれば「鳥肌の瞬間」に入ることができます。

32

ゾーンを手に入れる方法①「アイデンティティと祖先」

HOW TO GET INTO THE "ZONE" —— IDENTITY AND ANCESTRY

ビクトリーロードは「ライオンになるのか、臆病な羊になるのか」——勇気を持って挑戦する道についての考えです。この本で私は、結果を求めるのではなく、プロセスや努力したことが大事だと述べました。

司令塔でキッカーのユウ（田村優選手）は試合中最もプレッシャーを受ける一人だったこともあり、この考えを何度も伝えてきました。

「本当のユウになるために、方法は一つしかない。失敗する方法を学んで、結果を気にしないようにすること——最初に学ぶことは、死ぬ（＝大失敗する）ことだ。そして、本当の意味で生きることを学ぶのだ。

〃ノーミス〃の人生は、挑戦しないのと同じ、ゆっくりと死に向かっていくだけ。挑戦する生き方は、失敗ばかりでも、生きていることを実感できる生き方だ」と――。

ゾーンに入るための第一段階は、自分を強く持って、プレッシャーがかかる場面でも動揺しないことです。自分らしいプレーは、ゾーンにつながります。

では、その「自分」とは何なのでしょうか。

心理学・哲学の言葉で「アイデンティティ」と言いますが、私は代表の選手たちに、アイデンティティについて考えるよう求めました。そして、自分が何者か――「先祖」を知ってほしいと伝えました。

実際、これを聞いて選手たちは、それぞれ自分の先祖を調べてきました。一部の選手は、ミーティングで自分の先祖を発表しました。ユウは、祖父が住む沖縄を訪ねて、墓参りをしたそうです。

先祖（ancestry）がわかれば、自分がこの世に生まれる経緯がわかります。先祖がわかれば、自分は何層もの歴史の積み重ねであることがわかる――大きな力がみなぎるのです。すべての人が歴史とつながっている、人は一人ではありません。

先祖も、きっとあなたと同じように、大きな災害や疫病・不況・混乱を経験したはずです。先祖が立派であるかどうかは関係ありません。先祖が生きてきた歴史を全部背負って、自分を表現すれば良いのです。大樹の年輪のように、あなたには「歴史」が刻まれています。それを感じてパワーにしてみましょう。

それぞれ祖先が違った選手たち、スタッフたちが集まったのがラグビー日本代表です。マイケルは「ダイバーシティ(多様性)のあるチームが、まとまって、日本の強さを証明したい」とよく語っていました。ラグビーの「歴史」を変えるべく戦っていたわけです。日本代表は「多国籍チーム」と言われますが、選手たちは先祖までさかのぼって、互いに理解し合っていたのです。チームのスローガン「ONE TEAM」の意味が少し違って見えるのではないでしょうか。

ゾーンに入るには、感情的に落ち着いていながらも、力を奥底に秘めている、そんな状態が理想です。純粋な「ゾーン」=「鳥肌の瞬間」に入るためには「ビクトリーロード」の考えがとても重要になります。

動画サイトなどで、「ウイングスーツ」で検索してみてください。人間は飛べ、、、ます。入念な準備と努力をしたあとで、人は常識を覆すようなパフォーマンスを発揮できる好例だと思います。

「ビクトリーロード」を歩くことは、何億円も稼ぐよりも、勝利するよりも大事なことです。お金が大事ではないというわけではないのですが、人生における重要度が低いと言いたいのです。

勇気を持って「ありのまま」の境地に立つことができれば、勝利とか失敗とか、金持ちであるとか、もはや意味がありません。**生きるとは、自分を解放すること。**結果は「天のみぞ知る」です。勝利はその上でのボーナスです。

ライオンは、世界が過酷なことを知っている

ユウ（田村優選手）とは週に一度は会話しました。そこでこんな話をしました。

「ユウ、生きる価値とは何か――、心のなかに目を向けるのだ。大事なのは〝ユウが誰だ？〟ってこと。ラグビーは格闘技だ。戦うことは、誇りある死と直面することでもある。そうした気持ちを持ち続ければ、強くなれる。何があっても平気だろう。

その自分には先祖がいる。過去にきっと同じように、苦しんだ先祖に想いをはせるのだ。自分の考えを拡張していって力にしろ。真の『ライオン』は、ラグビーが、そして世界が、過酷なものだって知っている。だから最悪の状況を考えてタフなトレーニングをするんだ」

2020年以降、世界は新型の感染症に襲われています。歴史を振り返れば、私たちの祖先も幾度となく疫病に苦しんでいます。苦しんでいるのは、今の私たちだけではないのです。先祖が戦ってきて今があります。少し勇気がわいてきませんか。

33

ゾーンを手に入れる方法②「リラクゼーション」

HOW TO GET INTO THE "ZONE" —— RELAXATION

「リラクゼーション」(落ち着いた感情)は、「勇気」の次に重要な感情です。

肉体同士がぶつかり合うラグビーのようなスポーツからアーチェリーまで、競技によってリラックス・レベルをどこに合わせるかは違うので、ゾーンに入れるポイントを探ってみてください。

感情をコントロールすることで、人はゾーンに入ることができます。精神と肉体は、意識・無意識につながっているのです。どっしりと落ち着いている人は、プレー中も心がぶれません。

ゾーンに入るために、私はラグビー日本代表の選手たちに対して、平常心を保てているかどうかテストをしました。練習の移動中、バスで移動する選手の頭に脳波を測ることができるヘアバンドのような装置をつけたのです。

装置はイヤホンとつながっていて、気持ちが集中していると小鳥のさえずりのような「ピヨピヨ」という音が流れ、雑念が多いと雨音のような「ザァー」という音が聞こえます。これを使って、心を乱すもののなかで感情をコントロールする練習を行いました。

この〝ピヨピヨ装置〟は試合中プレッシャーを受けるHO（フッカー）、SH（スクラムハーフ）、SO（スタンドオフ）の選手らで主に試しました。

HOの坂手淳史（あつし）選手もその一人。移動中のバスのなかでつけてもらいました。坂手選手の心を乱すため、隣にジェイミーが座ったり、他の選手たちが坂手選手に変顔したり、冗談を言ったり、みんなで彼の気を散らしたのです。彼は懸命に平常心を保とうとしていました。

「すごく集中していればピヨピヨっていう音がして、どうやればゾーンに入れるか、わかります」と、坂手選手は記者会見で話していました。

そして坂手選手は、スローの際、頭のてっぺんにボールを置いてリラックスさせるというルーティンを編み出したそうです。

さて、ピヨピヨ装置を使った選手のなかで一番スコアが良かったのは誰だと思いますか。

10分ほどやって、一般的なスコアはだいたい20点（ピヨピヨが20回鳴る）程度なのに比べて、田中選手や田村選手は70点くらい、坂手選手は80点くらいでした。最もスコアが高かったのは堀江選手で、１１４点でした。世界的なラグビー選手でも、このスコアはあまり出せません。

ちなみに選手ではありませんが、藤井雄一郎さん（強化委員長）のスコアが１４４点で一番だったことも付け加えておきます。

34

「リラクゼーション」の実践

BREATHING IS BEST WAY TO RELAX

感情をコントロールして、リラックスする方法をひとたびマスターすれば、とても強烈な武器になります。スポーツでも楽器の演奏でも、ゾーンに入った時にみられる本能的な体の動きができるでしょう。

リラックスするには「呼吸法」をマスターすることです。呼吸を意識的にコントロールすると、ストレスの軽減、消化や睡眠、免疫力の向上などの効果が学術的に報告されています。

「緊張したら深呼吸」と昔から言われていますが、強いプレッシャーがかかっていてもリラックスできるトレーニング方法をお伝えします。

以下は、日本代表でも実践した方法です。

実践「呼吸法」

呼吸法の基本。鼻で4秒息を吸って、口で4秒息を出す。その時に「ふ〜、はぁ〜」と声に出しても良いでしょう。

ステップ1

息を吸い込んだら、肺が空気でいっぱいになり、やがて丹田（へそ下、腹の深部）が膨らみます。4秒かけてゆっくり吸ったら、口をほそめながら4秒かけてゆっくりはき出します。眠る時は、吸息4秒、吐息8秒でやると寝付きが良くなるでしょう。

ステップ2

呼吸法の基本ができるようになったあとは、リラックスする効果を高めるような言葉を心でつぶやきながらやってみましょう。「ぶれない（吸息）、考えない（吐息）」とつぶやきながらやっても良いと思います。

この時に、他のことが頭に思い浮かんだとしても、そのまま流しておいてください。無理に頭から消し去ろうとしないこと。無理すると余計に雑念が強くなるだけです。

雑念があることを受け入れながらも、自分のフレーズをつぶやき続けてみてください。

ステップ3

日常生活の中で呼吸を整える場面を作って〝ルーティン化〟してみてください。

例）パソコンの起動ボタンを押した時／玄関で靴ひもを結ぶ時／朝、コーヒーを飲む前

ステップ4

ルーティンを確立したら、1日に3〜4回、1回1〜5分続けましょう。

ステップ5

よりイライラする場所でやれるように努力してみてください。落ち着かない場所が良いです。怒ったり、イライラしたり、落ち込んだ時など、すぐにルーティンに入れるように訓練しましょう。

自分を鍛えるのに適したガヤガヤした場所や状況を数パターン、考えてみてください。

例）混雑する百貨店のなか／食卓、テレビをつけながら／満員電車

ステップ6

心を落ち着かせるルーティンをよりプレッシャーのかかる場面でもやってみましょう。リラックスする効果を高めるような言葉を心でつぶやきながらやってみましょう。

例）「ぶれない（吸息）、考えない（吐息）」とつぶやきながら。

〈ポイント〉

あまり期待しすぎないこと。日が経つごとに、寝付きが良くなったなどの効果に気づいていくはずです。心を落ち着かせる方法に、年齢は関係ありません。子供にも有効です。より深いリラックス状態を得るためには「結果は二の次」思考の考えを念頭におくと良いでしょう。

人の心が、大事な場面で乱れるのは、結果を求めるからです。勝ちたい、格好良く振る舞いたい……雑念が多い人の心は、自分でコントロールできないことまで注意を払っています。「結果は重要でない」「成功は結果ではない」と言い聞かせながらリラックスすれば、より深くリラックスできるでしょう。

35

ゾーンを手に入れる方法③「イメージトレーニング」

HOW TO GET INTO THE "ZONE"
—— IMAGERY

ゾーンに入る実践方法の2つ目は、「イメージトレーニング」です。パフォーマンスの流れを頭のなかで思い描きましょう。

人によって、頭で行う人と体を使う人と2つに分かれます。

頭で行うのは、頭のなかでパフォーマンスをイメージする人です。「歓声」や「におい」まで、完全な動画イメージとして描くことができるアスリートもいます。

一方、頭に映像は鮮やかなイメージは浮かべず、体の感覚だけでイメージトレーニングをする人もいます。

どちらのやり方でもかまいません。いずれにしてもイメージトレーニングはゾーンに入る大事な方法です。もちろん精神力を鍛える上でも、重要で強力な方法です。

前項でとりあげたリラクゼーションと同様、最初は静かな場所でイメージトレーニングをマスターしてください。

特に最初は動画サイトなどで参考になる映像を観るのが良いと思います。この時に完璧な映像を描こうと強く求め過ぎないでください。続けていくうちに、映像を観なくてもプレーする直前に強いイメージ（感覚）が浮かび上がってくるはずです。

そうして少しずつプレッシャーのかかる状況でやれるように、挑戦してみましょう。

さらに、これをルーティン化すれば、パフォーマンスは今までとまったく違うレベルになっていくはずです。

実践「イメージトレーニング」

イメージトレーニングをすればするほどより強固なメンタルとなっていきます。以下の練習法を試してみてください。

ステップ1

動画サイトで一流の技（フォーム、動き、間合いetc）を何度も繰り返し観て目に焼き付けてください。

ステップ2

日課として、動画を観る時間を作ってください。特に、パフォーマンスの直前に観れば、イメージが頭に強く残ったままトレーニングできます。

ステップ3

動画のなかの人がやっていることをよく観察しましょう（感覚的なタイプの人は、感覚を得てください）。そして、動画を観ないで、動きを真似てみてください。

ステップ4

イメージトレーニングを習慣的に行いましょう。例えば、練習を始める前のロッカールームで、思った通りに体が反応して良いパフォーマンスを遂行するイメージを思い浮かべてください。

イメージトレーニングは技術も精神力も向上させる、非常に役立つツールです。アスリートが深いイメージを持ち始めると、直感が働いて、新しい技やゲームプランが生まれることさえあります。

36

ゾーンを手に入れる方法〔応用編〕

HOW TO GET INTO THE "ZONE"
—— ADVANCED LEVEL

パフォーマンスの直前にリラクゼーションとイメージトレーニングがあわさった、ルーティンを作ってみてください。

これは、例えばゴルファーがショットごとに行う動作のことです。ラグビー選手がキックの前にやる動作も同じです。

良いルーティンがあれば、感情を完全にコントロールしているような気持ちでいることができるでしょう。

目指す舞台に立つ時、あなたの進化したマインドセットは、自信・忍耐・平穏・自負、さまざまな気持ちが入り交じって、爆発寸前になっているはずです。

実践〔応用編〕

これは、世界的に有名なゴルファーがゾーンに入る時の例です。これをもとに皆さんが自分のやり方を確立してみてください。

ステップ1

打つコースを決める。バッグからクラブを取り出す

ステップ2

「失敗を恐れるな、ライオンになれ」と「ビクトリーロード」の言葉をつぶやく

ステップ3

ボールの前に立って、呼吸法を使ってリラックスする

ステップ4

ただ、たたずむ。集中しているが、多くを考えない

ステップ5

周囲のエネルギーを吸い込むようにして、再び深呼吸。リラックスする

ステップ6

準備ができたら、ボールをただ打つ

■自分なりのゾーンに入る方法を考えてみてください。

勇気の言葉

プレッシャーは、人生最高のスパイス！

ワールドカップ初戦の前日、選手たちに次のようなLINE（ライン）を送りました。

「初戦に向けてさらにプレッシャーをあげること、大事なのはプレッシャーのなかでも己を信じることです。日々のイメージトレーニングと深呼吸をやりながら、完璧でなくても良い、自分の仕事にただ徹することを言い聞かせてください。恐怖や不安は完璧でなくてはいけないという間違った考えから生まれます。そこから解放されましょう」

ハドル（円陣）を組む時に注目していれば、選手たちは、話し合いをする直前に全員で深呼吸しています。

リラクゼーションとイメージトレーニングを日課にしましょう。いずれ、強烈なプレッシャーの局面でも落ち着くことができます。どんなことが起きるか予測もできてくるでしょう。これは習慣、日々の蓄積がなせる業なのです。

もはやプレッシャーに負の意味はありません。むしろ自分を成長・進化させてくれる最高のスパイスです。

VOICE 5 BRAVE BLOSSOMS

恐怖を無理に取り除こうとせず、おのれと向き合え！

ラファエレティモシー（神戸製鋼コベルコスティーラーズ）

最初に「ライオンになれ、羊になるな」と聞いた時には少し違和感を持ちました。ラグビー選手は全員がライオンだと思っていたからです。

しかしデイブ（デイビッド・ガルブレイス氏）は、新しいことに挑戦しないで「楽な道」を選ぶことが「臆病な羊」だと説明しました。それを聞いて改めて準備の大切さを教えられました。

デイブがきてから日本代表のメンタルは格段に強くなりました。当時、私は肩を怪我していたのですが、再発を恐れて８０％くらいしか力を出せませんでした。これをデイブに相談したところ、「恐怖を無理に取り除こうとするのではなく、向き合おう」とアドバイスされました。

なぜ怖いのか自分と向き合うことで、少しずつ克服できました。練習をするうち１００％の力が出るようになったのです。デイブには非常に感謝しています。

試合当日、ゾーン（「鳥肌の瞬間」）に入るために自分なりにしていることがあります。ロッカールームから出てフィールドに足を踏み入れる直前に「相手チームの同じポジションの選手よりもハードワークする」と言い聞かせるのが私の心のルーティンです。

また、試合中プレッシャーがかかる場面は、リラックスするために、深呼吸を２回するようにしています。もしミスをしたのであれば、深呼吸を２回してミスを頭から消し去ります。英語で言うと FLUSH、トイレを流すようなイメージですね。

宮崎合宿はハードでした、間違いなく人生で最大です。肉体的にも、精神的にもきつかったです。

同じポジションの選手との代表争いを考えて、プレッシャーがかかってナーバスになることもありました。できることはより良い選手になることだけ、と自分のことにだけに集中するようにしたのです。

練習で与えられた激しいプレッシャーのおかげで、試合本番で重圧にも負けずに戦えました。

©齋藤龍太郎（楕円銀河）

CHAPTER 7

「リーダーシップ」とは何か？

MAGIC RECIPE FOR ONE TEAM:
LEADERSHIP

37

良いヘッドコーチの定義

DEFINITION OF THE EXELLENT HEAD COACH

私はメンタルコーチとして多くのトップアスリートに関わるなかでオリンピックにも3度関わってきました。

多くの選手、チームを知っていますが、ラグビー日本代表はそのなかでも驚くほどメンタル的にタフでした。ラグビーに対する態度も素晴らしく、特別なチームです。

素晴らしいチームができた理由は、ジェイミー（ジョセフＨＣ）の力が大きかったと思います。

トップによって組織は大きく変わります。一番すごいことは、ジェイミーが日本の決勝トーナメント進出を3年前から一貫して信じていたことです。

しかも、それが当たり前のことであると

いう態度で振る舞っていました。勝っても負けても、メディアの前でも、コーチ陣のなかでも、ジェイミーの振る舞いは決して変わりません。信じ続けることは難しい――しかしジェイミーは決してぶれませんでした。

ジェイミーはアイルランド戦前、選手たちに詩を贈り、勝利を信じていると伝えています。3年ずっと信じて続けてきたジェイミーの言葉がいかに心強かったか、想像にかたくありません。ジェイミーはメディアに勝因を聞かれてこう応えています。

「自分たちがやってきたことを信じた。それが勝因だ」――。

ジェイミーの素晴らしい能力は、緊張と弛緩のバランスが優れていることです。例えば、強敵と戦う前など重圧がある時には笑いを増やして選手の緊張を緩める、気持ちに余裕がある試合には緊張感を与えて締め付ける、この塩梅をじつに絶妙に行います。ジェイミーは体が大きくクマみたいで、普段はテディーベアのように優しい顔を選手たちに見せていますが、引き締める必要があると感じると一転グリズリーベアのような一面を見せます。それはまるで、子供を見守る親熊のようにも見えます。

経験上、ヘッドコーチはボスとして威厳を示したがる傾向にあります。すべてを決める権限者という振る舞いをとるのです。ヘッドコーチによっては恐怖で組織を支配しようとする人もいます。不安が前面に出てしまって選手の批判ばかりするコーチもいます。

そのようなコーチから最も違ったところにいるのがジェイミーです。彼ほど代表チームのことを愛している人間はいないと思えますし、常に心の底からチームのことを考えていました。

私が考える理想のヘッドコーチは、選手やスタッフたちのなかで精神的に一番高いレベルにある人物です。

優しさと厳しさ、相手への配慮と意思の強さ、それぞれのバランスがうまくとれていて、指示に不明瞭なことが一切ない人物、それはまるで理想の父親像かもしれません。

38

「ONE TEAM」の意味

TRUE MEANING OF ONE TEAM

私はワールドカップ期間中、何度も涙しました。日本が初の決勝トーナメント進出という歴史的な瞬間にも、チームが解散する時にも泣きました。選手、スタッフたちと涙ながらに別れたのを覚えています。

ガキ（稲垣啓太選手）は大会後「年間通して約250日ですか、一緒に日本代表のみんなと過ごしてきて、ほんとにみんなを家族のように思っていました。そういった家族と、もう一緒に戦えないっていうのは寂しいです」、流大（ながれゆたか）選手は「もうこのチームが終わることを考えると、すごく悲しいですし、本当に思い入れが強いし誇り高いチームだったので残念です」と語っています。

ラグビー日本代表の活躍とともに、チームのスローガン「ＯＮＥ ＴＥＡＭ」が流行語になりました。チームが一つに団結するという意味ですが、選手たちの言葉を聞くと、「一つにまとまったチーム」という言葉以上に深いつながりがあるように思わないでしょうか。

おそらく世界中のあらゆるスポーツチームがチーム内のコミュニケーションの重要性を知っていますし、「団結」の大切さを語ります。

しかし、意外にも多くチーム内で行われている会話は、意味のない会話も多く、表面的なやりとりで終わっていることも多いのです。

メンタルコーチに就任した最初のミーティングで、私は国籍や民族の話から、より内面について話を掘り下げました。

「なぜラグビーをしているのか?」「家族とはどういう関係か?」「妻を本当に愛しているのか?」「自分は誰か?」……。

正直に自分と向き合ってほしいと思ったので、少し挑戦的な質問を行いました。

選手たちは互いのことを素直に語り合いはじめました。その姿は素晴らしい――家族みたいなチームだと感じました。

これこそ私が求めていることでした。ジェイミーは、ワールドカップの1年前にはその土台をしっかりと作っていたのです。

「私が大事に考えていたことをすでに十分に進めている。私は不要だったのでは？」とジェイミーに言うと、彼は笑顔でただ笑っていました。

39

キャプテンの役割

THE CAPTAIN ROLE

チームを束ねる上でヘッドコーチとともに重要な役割を担うのがキャプテンです。代表メンバーを招集したあと、キャプテンを誰にするかは最優先事項です。ヘッドコーチと同じくキャプテンを誰にするかでチームが大きく変わるからです。

ラグビーは前・後半40分ずつ激しく動き回るスポーツで、ベンチから指示を仰ぐチャンスはあまり多くはありません。チームの判断は、キャプテンに任せられることがほとんどです。

しかしこれはキャプテンの役割の一部に過ぎません。日本代表の主将マイケル（リーチマイケル選手）は、グラウンド外でじつにたくさんの仕事をしています。

宮崎合宿の最終日、マイケルは国歌『君が代』にある「さざれ石」がある大御（おおみ）神社に連れていきました。彼は、まるで観光ガイドのように外国出身の選手にもわかるように短く意味を伝えてくれました。

また、アメリカ代表と試合する前には広島・長崎に投下された原爆について。岩手県釜石で試合をする前には、東日本大震災についてプレゼン資料などを作って、外国人選手にもよくわかるように伝えるのです。

釜石で試合をする際、マイケルはメディアのインタビューで「試合の一つの意味、マインドセットを作っていく。釜石はシーウェイブスのホームで、伝統あるところ。２０１１年の震災の場所の一つ。〈中略〉いままで釜石（で試合）はないから、日本代表がそこで（試合を）することが大事です」と語りました。

マイケルは、釜石を単なる試合会場の一つとしてとらえるのではなく、ラグビー日本代表が戦うことの意味や試合を通じてどんなメッセージを伝えられるのかまで考えていました。釜石でフィジーに勝利した後、田村優選手はこう答えています。

「リーチが昨日のミーティングで言っていたように、何かしらインパクトを残したかった。外国人選手も、東北でやる意味を理解してくれた。素晴らしいチームに勝てて嬉しい。マインドセットがレベルアップした」

マイケルは東北の人たちに勇気と元気を与えたいと、「日本人」としてアイデンティティを確かめて、それをチームの力に変えようとしていたのだと思います。

ハードなトレーニングの合間にプレゼンテーションのファイルを作ったり、調べたり、グランド外でも試合のように動く姿はスタッフ・選手みんなが知っています。マイケルは特別なリーダーでした。

マイケルは選手たちの何気ない会話の中にアンテナを張っていて、小さなほころびも見逃さないように気を配っていました。ワールドカップの初戦、世界ランクが日本より低いロシア戦の前には「相手が弱いと思わない」と油断大敵だと手綱をしめた上で、こんなコメントをしています。

「(選手)一人ひとりの会話を聞くことが大事です。(例えば)ご飯を食べている時、会話のなかで、なめた発言が出るなどするかもしれない、そういうところから弱みが出てくる」

マイケルが日常生活からいかにアンテナを張って、チームのことを考えているかよくわかるエピソードです。

また、マイケルは「リーダーがすごければ、チームは強い」とリーダーの大事さを語っています。

前項でチームのアイデンティティの話をしましたが、マイケルはメディアのインタビューには「日本が強いところ見せたい」「いろんな国籍が集まった多様性の力を発揮したい」という趣旨のことを常に答えています。

キャプテンとしてどんなチームを作りたいか明確なビジョンがあったのです。しかもそのビジョンは結果に焦点をあてたものではありません。マイケルは精神性の高いキャプテンでした。

40

キャプテンに求めるもの

THE CAPTAIN IS A PERFECT MAN

キャプテンに求めるものは何でしょうか。

極論すると、「完璧な人間」がキャプテンになるべきだと考えています。ラグビープレーヤーとしてタフで高い技術を持っているだけでなく、他のプレイヤーのケアもできる優しい人間がキャプテンになるべきです。

最近、私はキャプテンを2人にするのが良いと思っていて、ニュージーランドのスーパーラグビー・チーフスでも採用しました。

2人のキャプテンはそれぞれ別の役割です。一人は、チームをプレーでひっぱるタイプで、試合で頼りになるプレーをする選手。もう一人は、チームのことを考えてくれる選手です。

チームの戦略・戦術は多岐にわたっていて一朝一夕で理解できるものではありません。新規加入の若いメンバーがチームに適応するのに特に苦しんでいる時、そこを絶妙な距離感でケアしてくれる優しくてタフな人物がチームに必要なのです。

先ほどのマイケルの例にあったようにグラウンド外でもチームのことを考え、守る存在いわば「チームの守り神」です。

マイケルもアイルランド戦でキャプテンを務めたピーター・ラブスカフニも両方の資質を持っている人物だと言えるでしょう。2人はトレーニングの態度が正しい、妥協とか怠惰に対して厳しい目を持っていると同時にチームにエネルギーを与えてくれます。

コーチが細かい指示を出さなくても、選手たちがやるべきことをやる環境ができるのが理想です。ただ、そうなるためにはキャプテンは2人いても十分ではありません。キャプテンをサポートする形でキャプテンと同じ方向性を持った複数のリーダーが必要です。複数のリーダーが機能すると、チーム力は飛躍的にあがるのです。

ジェイミー・ジョセフHCへのインタビュー

――良いヘッドコーチとは？

私の仕事は選手の能力が高まる環境を作ることだと考えています。複雑なことをシンプルに伝えることも重要ではないでしょうか。選手たちにベストだと思われる役割と計画・戦術をシンプルに伝えること、それが成功の鍵です。

――良い選手の定義は？

難しい質問です。選手は、みんな違います。チームによっても違いがあります。

一つ言えるのは、誰もパーフェクトではないということ。これは言い換えると、それぞれの選手が素晴らしい選手になれることを意味しています。選手それぞれが違う背景（国籍、組織、年齢）があるということは、それだけ学ぶことが多いということです。パーフェクトな人間がいないことが、パーフェクトなチームを作るのです。
あえて言うならば、良い選手の条件は「学ぶ意欲がある選手」です。学ぶ能力がある選手は、限界を超えることができるからです。

——練習から試合まで、ハードワークをした選手についてカツモト（カツモトは映画「ラスト サムライ」に出る侍の名前）として表彰していたそうですね？

チームを勝利に導く目立った活躍をする選手がいる一方で、フィールド内外でハードワークをし続けた選手がいます。ベストを尽くし、チームに貢献した選手です。ベストプレイヤーではありません。
勝っても負けてもチームのなかでチームのために働いた選手がいます。そうした選手をスタッフやコーチと相談して、表彰して刀を渡していました。今後も続けていこうと思っています。

41

リーダーズグループ

THE LEADERS GROUP

私がメンタルコーチとして最初に取り組んだのはまさにこのリーダーたちのグループを発展させることでした。これは「リーダーズグループ」と言って、キャプテンの下に複数のリーダーを配置。コーチが与える戦術などチームの課題について小さなグループで話し合えるシステムです。

ジェイミーは私がコーチに就任する前にすでにリーダーズグループを作っていたのですが、それを引き継いで発展させる役割を私が担いました。ジェイミーはリーダーズグループをより活性化させて、選手たちのパフォーマンス向上につなげたいと考えていました。

リーダーの入れ替えは何度もありました

が、ワールドカップの時には主将のリーチマイケル選手を中心として、7人のリーダーがいました。メンバーは、ピーター・ラブスカフニ選手、田村優選手、稲垣啓太選手、流大選手、ラファエレティモシー選手、中村亮士（りょうと）選手、松島幸太朗選手でした。

戦術や戦略は、ジェイミーとトニー（ブラウン）アタックコーチが決めて、それをリーダーズグループのミーティングのなかで伝えました。

リーダーたちは、それを自分のグループに持ち帰り、戦術の落とし込みを行います。少人数なので議論も起こりやすく、より深くお互いに考える機会となるのです。ヘッドコーチが選手全員を集めてミーティングで一度に伝えるのも一つの方法ですが、リーダーたちに責任を持たせて選手たちに伝えるほうがはるかに伝わりやすいのです。

リーダーたちにはハードワークをして、他の選手たちの模範となるように求めました。リーダーになると自然と責任感が生まれますから、選手たちが自主的にハードワークした、と言ったほうが正しいかもしれませんが……。

この仕組みのなかでキャプテンのマイケルはその総責任者と言えるでしょう。**リーダーズグループは、選手の自主性を育めるのはもちろんのこと、互いの意識共有や団結力を高めるのにも非常に有効な手段です。**

42

会話の質を高める

COMMUNICATE DEEPLY

コーチの考えを伝えるためにはリーダーたちは戦術の理解をそもそも深めないと、正しく他の選手たちに伝えることができません。

場合によっては選手たちが理解しやすい方法を考えてあげる必要があるでしょう。結果、リーダーたちは、多くを考えて、多くの選手と会話することになります。

私は、円陣（ハドル）を組むリーダーの会話に耳を傾け、話を聞く選手たちの姿勢を観察しました。会話が終わったところで、若手選手にリーダーが話すことについて理解しているか、質問したのです。

選手がリーダーの言うことを理解していれば褒めます。理解していないのにもかかわらず、質問しなければ、なぜなのかと問いかけました。チーム全員の頭が常に活性化している状態で、集中してほしかったのです。「時間を無駄にするな」というメッセージでもあります。

さらに選手たちがハドル（円陣）を組むと、スマートフォンを持って、リーダーが何を言うのかに注目したのです。練習前、練習中、練習後、試合の前日練習前と後、あらゆる場面で撮影しました。大事な部分だけ編集して、それをリーダーに送りました。

リーダーに求めていたのは、彼らの言葉に力があるかどうかでした。チームを良い方向に導くメッセージを発しているか、ビデオを見て考えてもらいました。

具体的なポイントは３つです。

① チームの精神状態を的確に把握して、適切な状態にチームを導くメッセージを発することができているか

② メッセージは濃い内容を短く、効率的に伝えられているか

③ 会話に遠慮や馴れ合いがないか

練習でも試合でも「緊張し過ぎ」や「しなさ過ぎ」は良くありません。キャプテンはチームの状態を見極めて、チームを狙い通りに動かす強烈な言葉を洗練させる必要があるのです（①）。

また、ラグビーは大勢の選手がめまぐるしく動くスポーツですから、試合中に会話する時間はほとんどありません。トライの後、ハドル（円陣）を組む時間はせいぜい30秒程度でしょう。そこでリーダーは伝えなくてはいけないことから要点をしぼって短く、効率的にメッセージを届ける訓練をしてもらいました（②）。

ビデオをもう一度観て、選手同士が忌憚なく会話しているかどうかもチェックしてもらいました。言うべきことを遠慮なく言っているか、〝良い人〟になろうとしていないか、などです（③）。

リーダーたちの向上心のおかげで、選手たちのコミュニケーション能力は飛躍的に伸びました。戦術の理解度も深まりましたし、何より選手たちの結びつきは強くなったのです。

43

任せることで人は動く

TRUST

リーダーの仕事はこれだけではありません。リーダーは自分の下に細かくグループ分けされた選手たちがいて、そのグループの責任者です。

もしグループ内に意見や不満、困りごとがあれば聞いて解決する手段を探ります。生活習慣や食事などで規律が乱れていれば、選手たちと話し合いをすることもあります。

選手が試合に出られないと悩んでいるようであればリーダーは精神的なケアすることを求められます。

ラグビー日本代表の選手たちは全員で31人ですが、メンバーが絞り込まれるまでは60～70人代表候補が集まって合宿を行います。ミスをしたと傷つく選手もいるでしょうし、代表に選ばれる可能性が低いとやる気を失っている選手もいるかもしれません。

キャプテンと複数のリーダーたちが選手たちのスキルの向上や精神面のケアをしていくことがチーム力の向上につながりますし、選手層の厚さを増すことにもなるのです。

チームを牽引する役割を担える人間を複数人そろえることが組織のレジリアンス（頑強さ）を高める上で大事なのです。これはビジネスでも同じことが言えるのではないでしょうか。


世界各国の代表チームでもリーダーズグループを作るケースは増えています。しかしジェイミーは、おそらく他の代表監督に比べてリーダーたちの役割により重きを置いていたと思います。

マイケルもその意図をくみ取り、メンタルや団結力などを念頭においたコメントを続けています。

「チーム力を上げるために、リーダーが引っ張らないといけない。ラグビーだけではなくラグビー以外のところを強くしないといけない」（フィジー戦後会見）

一般論として「組織のコミュニケーションを円滑に」というのは良く聞く言葉ですが、なんとなく会話しているようなものでは意味がありません。**組織がより高みに達するためには、オープンに会話をして相手の考えを理解して、深いレベルの会話が交わされることが重要です。**

44

「SAME PAGE」同じ絵を見る

ARE WE ON THE SAME PAGE？

ラグビー日本代表のリーダーズグループは最高に機能した好例です。

我々がセットしたのは、コーチ陣とリーダーズグループのミーティングだけでしたが、リーダーと選手たち、リーダーたちだけのミーティング。さらには、ポジションごとで集まっているのを何度も見かけました。

ノートに書きとめたメモをもとに話す選手、意見を積極的に話す選手など会話があらゆる場面で増えていました。

リーダーの一人中村亮土選手はメディアのインタビューでこう答えています。

「ジェイミーは非常にリーダーの仕事に重きを置いている人。チームのなかでリーダーズグループが大事だと、リーダーミーティングで話をされる。チームとして思っていることをリーダーがしっかりコーチ陣と共有して同じ方向を見ることは大事だと話しています。だから共有の回数は多いですし、ミーティングの時間をしっかり取っています」

同じくリーダーズのラファエレ選手は「週の頭にコーチ陣とミーティングをして、しっかりと情報共有をして、意思の疎通をはかる。1週間、何が大事で何に取り組むのか話し合い、リーダー陣がそれをチームに落とし込み、仲間たちが付いてきてくれて、結果的に週末のパフォーマンスにつなげていく」と答えています。

選手とコーチが情報共有して同じ方向性に向かっていることを大事にしていることがわかると言います。代表ではこれを「SAME PAGE（同じ絵）」と表現していました。コーチ、選手全員がチームのイメージを共有できているかどうかを確かめる言葉です。

リーダーズグループは、選手同士の考えもしっかりと共有するのにも、他者を通して自らの考えも深めるのにも役に立ちます。さらに目的意識が向上し、自分の役割がより明確になるため責任感も高まるのです。

そして最も重要なのは選手とコーチ、選手同士で「絆」「団結力」が生まれることです。リーダーズグループを作るとコーチに指図されるというよりは自分たちで考えて行動する範囲が増えるので、個人の責任は大きくなります。ですから、選手にとっては大変です。

じつは、コーチもそれ以上に大変です。任せるというのは、何もやらないことではありません。やるように仕向ける、考えるヒントを与える、などたくさんの仕掛けを用意する必要がありました。

一方で、リーダーズグループを命令系統として利用するコーチもいます。自分がやりたいことを実現するためにリーダーを動かすのです。そうしたコーチは意外に多いのです。リーダーを通じて細かく指示を出して、選手にあまり考えさせない。そのほうが何倍も楽だからでしょう。選手たちにハードワークをさせて、良い結論を導き出すのを待つのはいばらの道です。

たとえて言うなら、小さな子供に勉強をやらせて答えが出るのを待つのは忍耐力がいります。運転が下手な人の助手席に座って指導するより、自分で運転したほうが圧倒的に楽です。しかし教わる側に立ってみれば、学びは多くありません。

ジェイミーは選手たちに対して、命令口調で話すことはありませんでした。むしろ「うまくいっている?」と質問し、選手の考えに耳を傾ける態度を常に持っていました。

選手たちを信じて成果を待つというのは、コーチも選手も我慢強さを要求される作業です。互いの仕事量も増えます。しかし、それだけ互いへの信頼や絆、尊敬の念が生まれることになるのです。

ラグビー日本代表はメンタル的に変わったといわれています。3大会連続で日本代表を支えてきた田中史朗選手は、代表チームの成長を実感したようです。メディアにこう話しています。

「一人ひとりの意識も（以前とは）違いますし、『やらされているラグビー』ではない分、みんなが勉強する意織が高い。地についている力の部分は4年前より上がっていると思います」

チームがチームのことを考え、支え合ったからだと思います。本当に特別なチームでした。

VOICE 6 BRAVE BLOSSOMS

プレッシャーを楽しもう!（Pressure to Pleasure）

佐藤秀典（ラグビー日本代表 元通訳）

当初、新しくメンタルコーチになる人が外国人のスポーツ心理学者だと聞いて非常に不安でした。心理学はデリケートな言葉も多く、文化差を超えて日本人に外国人の考え方をうまく通訳できるか心配だったのです。ただデイブ（デイビッド・ガルブレイス氏）と話をすると不安は消え去りました。

デイブは、東洋思想に影響を受けていて、私も関連本などを読んでいたこともあって、デイブの考えをすんなり受け入れることができたからです。

私は通訳をしながら、デイブが代表選手たちに大きな影響を与えていたのを目撃してきました。デイブは、選手たちに「結果を気にしすぎて硬直している」と口を酸っぱくして語っていました。“Walk towards the fire”――「プレッシャーという炎に立ち向かっていけ」と。結果は大事だが、思う存分楽しんでほしい。プレッシャーを楽しもう。「タックルがしたくてたまらない」「ボールを持って走りたくてたまらない」子供の時のように楽しんでプレーしよう、と「本能的にプレーすること」を求めていました。

選手との対話を積み重ねから、心の奥底を掘り下げていくのがデイブのやり方です。

デイブは、選手とのカウンセリングのなかで「楽しんでプレーしている時はどんな時か」とよく質問していました。選手が「プレーがうまくいっている時」と答えると、「なぜプレーがうまくいくの？」とさらに質問を深めます。選手から「やるべきことが明確な時」という答えが返ってくれば、「じゃぁ楽しんでプレーするために、やるべきことを明確にしよう」となっていきます。人の思考にはいくつものレイヤー（層）が重なっているというのがデイブの考えでした。

デイブの貢献という意味では、田村優選手に対するカウンセリングも大きかったと思います。キッカーであり司令塔の田村選手にはあらゆるプレッシャーがかかっていました。田村選手は、毎週月曜日の練習後、カウンセリングを受けていました。内容はおもに１週間、メンタルをどう準備していくかについてです。彼は、だいぶ気持ちが楽になっていたと思います。

私個人も困難に直面した時にデイブに悩んでいることを相談したことがあります。デイブは、「自分が成長する最高のプレゼントをもらったね」と笑って対応してくれました。デイブの勇気を持って生きろという言葉に、私自身も背中を押された一人です。私は、大変そうな仕事にもチャンレンジを続けてきましたが、デイブと会って自分が間違っていないと確信できました。非常に感謝しています。

CHAPTER 8

最強のメンタル・トレーニング

THE RECIPE FOR ONE TEAM:
HONEY BADGER MIND TRAINING

45

鬼の訓練「ミツアナグマ精神鍛錬法」

HONEY BADGER MIND TRAINING

これから述べることはとても重要で、人の運命を変える可能性すらあります。〝偉大〟(Great)になるためにやるべきことは、最強にタフなメンタルを手に入れるためにはどうしたら良いのか、一流のアスリートとともに編み出してきた方法論です。**筋力トレーニングと同じように、メンタルも毎日のトレーニングで強くなります。**

ですから、メンタルトレーニングを習慣的に行いましょう。私はこれを、〝偉大〟(Greatness)になるための習慣(Habit of Greatness)、頭文字から「HOG」=「ホッグ」と呼んでいます。

スポーツ心理学について語った本は、こ

の本以外にもたくさんあるでしょう。しかし多くは理論です。これから語るのは、肉体を使いながら日常的にメンタルを鍛える新しい方法です。ラグビー日本代表も実際にやりました。

代表は、私がコーチに就任する前から、激しいトレーニングを行っていました。いま思い出してみても、ジェイミー（ジョセフＨＣ）と私は、ラグビーチームを鍛え上げていく上での哲学がとても似ていると思います。だからこそ、ジェイミーと仕事するのはとても大好きです。

マイケル（リーチマイケル選手）は、ことあるごとに選手は「鬼にならないといけない」と語っていますが、「鬼」とは目的に向かって無慈悲に戦う心のあり方を指しているのではないかと思います。

ここで少し脱線してしまうのですが、皆さんは「ミツアナグマ」という動物をご存じでしょうか。動物界の鬼とも呼べる存在で、〝世界最凶〟の動物という称号を持った小動物です。

体長は70センチほどの小さな体であるものの、蜂の巣を荒らして蜜を吸う、コブラに咬まれても死なない、ライオンに襲われても逃げずに威嚇する、〝生きる鬼〟であり〝ビクトリーロード〟を体現するかのような存在です（ぜひ、動画サイトで探してみてください。勇敢さに驚きます）。

体を鍛えながらもメンタルを強化する方法を、私が一流アスリートたちと発展させて作ったのが**「ミツアナグマ精神鍛錬法（Honey Badger Mind Training）」**と呼ぶトレーニング方法です。

文字通り、ミツアナグマのような「強い心」を鍛える、体を使ったトレーニング方法です。これから話をするのは日本代表をもとにしたラグビーの例ですが、他のスポーツや勉強、仕事、趣味などあらゆることに応用可能です。ぜひ試してみてください。

ワールドカップのおよそ3カ月前、宮崎合宿を舞台に鬼の心の訓練「ミツアナグマ精神鍛錬法」が始まりました。ジェイミーはこう話をしています。

「メンタル強化のために、選手たちにあえて困難な状況を与えた。選手は強く耐えるのか、諦めて去るのか、二つに一つしかない。それが宮崎合宿のすべてだ」

朝から夜まで激しい肉体的なトレーニングは同時に精神力を鍛えるものでもありまし

た。

ポジション別で特に力を入れたのが、強いプレッシャーを受けるフッカー（HO）とハーフバックス（SH／SO）の選手たちです。彼らはキックやスローイングなどセットプレーを行うので、メンタルの強化は特に力を入れました。

まず私が行ったのは「**ミツアナグマ・セッション（Honey Badger Session）**」と呼ぶ、トレーニングです。1日の終わり、一通り練習が終わったなかで、フッカーのショウタ（堀江翔太選手）や坂手淳史選手に対して、ラインアウトスローをおよそ30分、ひたすら投げ入れ続ける反復練習を課しました。普通はここまで反復練習はしません（ラグビーに詳しくない人は、バスケットのシュート練習を同じ場所から100本続ける、と考えてみてください）。

同じことを続けていると肉体的に疲れるのはもちろんですが、それ以上に飽きてきます。それでもギブアップするか、続けるしか選択肢はありません。この反復練習の狙いは、「無心にプレーする」を学ぶことです。

さらに、スローイングをしている隣にジェイミーや長谷川慎コーチが立ってプレッシャーを与えることもしました。コーチがそばで見ていれば選手は緊張するものです。しかもジェイミーは練習中のショウタに話しかけます。「ショウタのスローイングはダメだね。坂手のほうが上手だよね」などとそばでプレッシャーを与えるのです。

ヘッドコーチに見られようと、誰に何を言われようが気にせず無心でプレーできるメンタルの強さを鍛えていきます。最終的には呼吸法によって精神を落ちつけて正確なプレーできるのが理想です。ちなみに、この練習を行う前には「ライオンになれ!」と勇気を持つ大切さを伝え、練習の趣旨もきちんと説明して理解してもらって行っています。

フッカーの2人に対しては、22mラインからゴールポストの横棒部分(H字の一部分)に向かって投げる練習も行いました。試合では22mも先に投げることはありません。ここでもスローイングするショウタや坂手の横でコーチたちが話しかけて邪魔をし続けました。雑念を一切捨てて「思いっきり、ただ投げる」ということを体で覚えてもらうのが狙いです。不安定でイライラ状態に身を置いて、限界を超えてもらう狙いがありました。

代表選手たちのなかで一番「ミツアナグマ・セッション」を行ったのはユウ(田村優選手)でした。

「コーチの合い言葉は〝ユウにプレッシャー(Pressure on Tamura)〟でした。田村は司令塔・スタンドオフであり、ゲームをコントロールする役割です。チームのなかで最もプレッシャーを受ける選手。しかし2019年の段階でワールドカップまで試合経験が足りなかった。そこで宮崎合宿では（激しいプレッシャーを与える）新しい挑戦をした」（ジェイミー・ジョセフHC）

「ミツアナグマ精神鍛錬法」の考えをもとにジェイミーを含むコーチ陣が具体的な練習プランを組み立てていきました。

ワールドカップの約1カ月月前、網走合宿では、練習が終わって選手たちがへとへとに疲れ切っていたところ、ジェイミーが「いまからユウがゴールキックをします。キックを外したら、全員に筋トレ15分の罰を与えます」と突然チームに告げました。

想定外のキック練習でユウを動揺させ、さらにゴールキックを成功させないといけないプレッシャーを与えたのです。クタクタになった選手たちは全員ゴールラインでユウのキックを見つめます。

ユウは一人、ボールの前に立って重圧のなかでゴールを狙うという練習でした。先ほどのフッカーの練習の例でもありましたが、ジェイミーはキックするユウのすぐ脇に立ってにらみをきかすこともありました。巨漢のジェイミーが立っているだけで威圧感は十分なのに、ジェイミーはユウが動揺するような言葉を投げかけていました。「キックは外れるな」「ワールドカップでキック外したらベスト8いけなくなるだろうな」。別の日には、10本のゴールキックをすべて決めないと帰れないという訓練もしました。

選手がイライラするくらい不快な状態にして、強いプレッシャーを与えたのです。これを経験したあと本番に臨めば、かなり楽に取り組めるはずです。プレッシャーを与えるなかでユウに伝えたかったのは、「自分とは何者か」を考えることなのです。

重圧のなか気持ちを保とうとしたところ、また我々がかき乱す。これを繰り返すなかでユウの精神はどんどん強くなってきました。雑念が消えて、ユウの目的はただ、キックすることだけになりました。きっとユウは自分でも想像しなかったくらいに成長したと思います。

ユウの名誉のために付け加えておきますと、ミスしたら筋トレの罰という状況のなかでユウのゴールキックは見事成功。筋トレから救われた仲間たちからは喝采が飛びました。

こうして強いプレッシャーを与えながら、選手たちのメンタルは〝タフ〟になっていったのです。

46

限界を疑え

UNLEASH YOUR POTENTIAL

人間は面白い生き物で、さぼるのが大好きです。やるべき時に寝てしまったり、計画したはずの食生活をせずに暴飲暴食したり、練習も平気でさぼります。こうした悪習慣に一度陥るとなかなか抜け出せません。

そして、こんな言い訳をします。

「本気を出せばできるのだけど、ちょっと良い方法が見つからないだけ」――。

悪い習慣を変えられない人は、無意識に限界を決めています。限界を超え始めると、不快な感じを持つので、すぐ楽な場所――「いつもの悪習慣」に戻ってしまうのです。

この無意識に作られる「限界の壁」は、

幼い頃の経験によって作られます。そして成長後もずっと無意識にレベルが設定されたままでいるのです。ほとんどの男性の年収は、父親の年収より少し上を越える程度、というリサーチ結果があります。より上を目指せても、〝歩留まりよく〟おさめるのです。

学歴、収入、好みの異性など、人には無意識的に作っている〝限界の壁〟があります。〝限界の壁〟は、長年かけて作られています。

あなたが考える限界は本当に限界なのでしょうか、限界を疑ってみましょう。不快な状態に身を置いて、限界を超えるのです。

「ミツアナグマ精神鍛錬法」は不快な状態でも、快適でいる方法を学ぶ訓練法です。訓練をすることで、極限の状況でも泰然としていられる強い精神を持つことができます。

勇気の言葉

ライオンは、人の目を気にしない！

開幕戦のプレッシャーで良いプレーができなかったユウとは、アイルランド戦に向けてこんな会話をしました。

「6万人の観客が見ていようが、何百万人がテレビで見ていようが、それで行動を変えるのは不誠実だ。誰が見ていようと、そんなことは関係ない。本当の勇者は、6万人の観客の前でも無観客でも同じ仕事をきっちりやるはずだ。ライオンは周りを気にしない、それが本物だ」

ユウのプレーは別次元になって、本物になったのです。

47

失敗の仕方を学ぶ

LEARN HOW TO FAIL

「ミツアナグマ精神鍛錬法」には意図的にミスさせる訓練があります。他のメンタルコーチはこのようなやり方をしません。でも効果が、本当にあるのです。

ユウとは、サッカーでいうコーナーキックのような形でゴールポストを狙うキック練習もしました。

なぜ実際の試合であり得ない状況を作ってまで失敗する練習をするのには理由があります。ミスや厳しい局面に対して心の準備をするためです。失敗を気にしている選手にミスが気にならなくなるまで練習させます。

失敗への恐怖は、信じられないくらい恐ろしい感情です。「失敗など怖くない」と息巻く人がじつは恐がりだったということもよくあります。失敗への恐怖によって選手生命を絶たれたアスリートの例は数えきれません。

恐怖心はベストプレーを引き出す重大な要素だと思っている人が多くいますが、私は同意しかねます。失敗への恐怖は、プレッシャーがかかる大きなゲームになればなるほど選手にとって危険です。恐怖の感情は人を保守的にします。

例えば、本来は思いきりやるべきところなのに、慎重になり過ぎて勝利が手元からすりぬけてしまうのです。失敗の仕方を学ぶという考えは一般的に理解しづらいかもしれませんが、ここまで読んでくれた読者の方は理解いただけると思います。

意図的にミスさせる訓練では、的確なプランを組んだ上、適切なタイミングでする。あまり頻繁に行わないようにしてください。

また、決して人としての尊厳を傷つけるようなことは絶対しないでください。例えば、友人とパスまわしをやっている時に意図的にミスするというようなやり方は意味がありません。

練習の重要な場面で、意図的であると誰にも知らせずミスすることが大事です。練習後であってもチームメイトに話をしてしまうと意味がなくなってしまいます。

例えば、あなたがプロのギタリストであれば、ライブの直前練習、チューニングするところでわざとコードのチューニングをしないでギターを少し弾くというのも良いでしょう。

学生であれば授業で質問したらみなからバカにされそうな簡単な質問をしてみる、というのも方法です。恥ずかしい気持ちや恐ろしい感情と向き合いましょう。そして心のなかでこう問いかけるのです。

「何も気にするな」「周りは周り、気にしない」

「気にしないをマスターしろ」「なすがまま。自分の殻を突き破れ」

48

笑顔の大切さ 情熱を点火しろ

LOVE OF THE GAME,IGNITE THE PASSION

どんなアスリートでも得意なプレーや好きな練習というのはあります。その練習はとても重要です。

プロのアスリートは、結果を求めるために弱点を克服するために時間をかけます。もしくは、失敗した部分の修正に注意を払います。

得意でない部分なので修正に時間がかかり達成感は簡単に得られません。人によっては、大好きで始めたスポーツへの情熱を失うことさえあるのです。

誰にでも得意なことや好きなことがあります。例えばスポーツが上手でなくとも、音楽や絵画が好きな人がいます。学校では数学や国語が得意でないために残念なことに落ちこぼれのらく印を押されている人がいるかもしれません。

自らが持っていた情熱に火をつけるために、得意分野や強みのある部分は伸ばすようなトレーニングを行うのがメンタルの強化をする上で非常に役立つのです。

また、「笑顔」も大切な要素の一つです。ラグビー日本代表では、ジムで筋力トレーニングをしたあとに選手たちにナゾナゾを出しました。肉体的に疲れている時でも判断力を失わないためのトレーニングです。間違えると筋トレが待っています。判断力とともにチームが楽しむことをやりたかったのです。

これは実際に出したナゾナゾ。

Q，穴だらけなのに水をたくさん吸収するものって、な～に？

選手たちは楽しんでいたと思います。ちなみに、解くのが早かったのはトンプソン・ルークと福岡堅樹でした。クイズの出題者は頭が良く見えます。白状するとネットで問題を見つけてきただけで私は答えも知りませんでした。

選手たちが練習の終わりにチームソング「ビクトリーロード」を楽しく歌うのも笑顔がこぼれる瞬間です。チームへの愛情とラグビーへの情熱、２つの灯は消えることがありませんでした。

チームへの愛情という意味では忘れられないシーンがあります。スコットランド戦のチームミーティング、キャプテンのリーチマイケルが話をしますが、普段はおおまかなゲームプランや心構えをしっかり話をします。ただこの時だけはシンプルでした。

（マイケル）「このなかで、チームが大好きな人は？」――。全員が手をあげました。マイケルは「明日は勝てる」とだけ言い、ミーティングが終わりました。グラウンドの外でも心揺さぶる瞬間が起きていたのです。

ナゾナゾの答え：スポンジ

EXERCISE 7 「ミツアナグマ精神鍛錬法」を考えよう

自分なりの「ミツアナグマ・セッション」を考えてみてください。

例／休み時間でうるさい教室の中で、制限時間1時間の試験問題を15分でやる。

「情熱に火をつける」トレーニングを考えてみてください。

メンタルを強くするためにどんなことができますか？

これらを自分のスケジュールに定期的に組み入れましょう。楽しんでください！

49

プレッシャーは贈り物

THE PRESSURE IS A GIFT

「ミツアナグマ精神鍛錬法」は、私がアスリートと仕事する時に最も重要視しているものです。

強い精神は一日ではできません。肉体と同じように毎日の積み重ねが大事だからです。読者のなかにはメンタル強化についての本を読んだ経験があると思いますが、多くが昔の悪い習慣にリバウンドしてしまいます。

一方で、「ミツアナグマ精神鍛錬法」は肉体を使いながら日常的に精神を鍛えることで長期的に継続できるメソッドです。

もし100%予定通りできなくても自分を責め過ぎないでください。苦行を毎日繰り返し、習慣にして、メンタルは強化されていきます。それが最後には秘められた能力が開花、習慣によって偉大な人になるのです。

日本で開催された「ワールドカップ２０１９」──。ラグビー日本代表は歴史に残る活躍で世界のラグビーファンを魅了しました。

選手たちは肉体的、精神的な不快感を抱きながらプレッシャーを受け続けてきました。それが素晴らしい結果につながったのだと思います。

プレッシャーという魔物は、自分自身を解き放つために必要だったのです。

プレッシャーは「贈り物」だという考えができるようになったのではないかと思います。「プレッシャーは、最高のパフォーマンスを生むためのギフト」──生きる価値を見いだすものなのです。

結果は誰もわかりません。できることと言えば、「仲間を信じること」「ゲームプランを遂行すること」「全力を尽くすこと」だけです。

〃魂〃と〃心〃を注いでください。

The universe will take care of the rest！

（運を天に任せましょう！）

EPILOGUE あとがきに代えて

ラグビー日本代表コーチに学ぶ、メンタルの教科書

デイビッド（ガルブレイス氏）はとても刺激的な人です。一度でも会話すれば、リズム感ある話し方と研ぎ澄まされた言葉は、人を意欲的にさせます。リズムと言えば、最近はアロハダンスを学んでいるそうで、常にあらゆることに挑戦をしている人です。よく笑いますし、嫌な顔は見たことがありません。徳のある人です。

日本代表で多大な貢献をしたにもかかわらず、デイビッドのことはあまり知られていません。ワールドカップの前、私が調べ始めた当時は、今よりもっと情報がありませんでした。そこで私は、取材者魂に火がついて、ネットでデイビッドの書籍をニュージーランドから取り寄せようと、販売サイトにアクセスしました。アクセスすると、なんとデイビッド本人からメールがあったのです。「本の購入をしようとしたようだが、決済が不完全だった。本が欲しければ連絡をください」――これがデイビッドとの最初のコンタクトです。

私はメンタルコーチの存在に興味を持っていることを伝えると「よく見つけた

ね」と返事をくれました。本を読みながら、大会終了後にも、連絡を取り続けて、日本テレビ『news every.』用にインタビュー取材をお願いしました。しかし、すでに日本を去っていたのです。

デイビッドが住んでいたのはニュージーランドの中都市ハミルトンです。私は、インタビューのために、格安航空券を使って、24時間かけて到着しました。「クレイジー」と言って笑っていました。デイビッドはクリスマス休暇中にもかかわらず、私を歓待してくれて、帰りのフライトまで、自宅に2日も泊めてくれました。

デイビッドの自宅は、とても居心地の良い素敵な家でした。敷地内には庭があって、馬や羊が暮らしています。自宅は日本で言うところの古民家で、古くからあるものを大事にする姿勢が伝わってきます。食事はアスリートばりに栄養価の高い、有機ミルクや新鮮なタマゴなど体に良い食材が食卓に並びます。デイビッドの休日は、早朝から野良仕事です。

自宅でお世話になっている間、日本でも出版することを提案しました。デイビッドの本は素晴らしい内容だったので、日本の人にも知ってほしいと思ったのです。ただ、この時点で私が書く予定はありませんでした。私は文章を書くプロではなく、ましてや人の考えを正確に翻訳するほど英語力に自信はありません。ラグビーには詳しいですが、あくまでもファン目線です。適任者は他にいると考えていました。

しかし、心の奥では、挑戦したい気持ちも持っていました。ラグビー日本代表のメンタルが強くなった、それを一番間近で伝える側になりたいと思っていました。他の人にやられたくなかったのです。それでもやりたいことを主張できずに、ビクビクしていました。ライオンか羊かで言えば、私は間違いなく羊でした。それでも、デイビッドに背中を押されて、本を書く決心ができました。

私には「本を書く」「翻訳をする」「ラグビーについて書く」――、少なくとも3つの未知のハードルがありました。私はニュース番組のディレクターで、どのスキルもプロの力はありません。「インポッシブル・ドリーム」に挑戦しました。出版の経緯は、本当に偶然の積み重ねでした。

勇気がなくて決断ができない場面は、いくつも自分に思い当たることがあったので、「このままの生き方は嫌だ」と心のなかでつぶやきながら、苦戦しながら書き上げていきました。

本を書きながら「エクササイズ」にも挑戦しました。第2章の「エクササイズ」では、〝他人に先を越されたら嫌なこと〟という観点で考えてみると、自分のことがよく見えるようになりました。「知らないこと」を誰よりも先に、深く知るのが好きだとよくわかったのです。ニュースの仕事をやっている自分に対する確信を持てました。

生活リズムも変えました。これまでは朝9時起きの寝坊助でしたが、朝5時起床に変更したのです。第5章でも紹介した「忍耐力養成法」では、私は「洗濯物を干す、畳む」ことを日課に定めました。仕事に追われていても、深呼吸して、つぶやく言葉は「人生は楽じゃない」です。風呂の掃除とアイロンがけも、不定期にやっています。まだ、やって半年も経っていないので、忍耐力が増えたかどうかはわかりませんが、妻の文句は減りました。

この本を書き終えたころから、家庭菜園を始めようとも思っています。近くにある建物の屋上を借りて始めます。子供たちへの食育にもなると考えたからです。まだまだ夢の段階ですが、いずれこの菜園は近所の屋上にも広げていければと思っています。

2023年にはワールドカップのフランス大会があるので、そこには取材者として参加したい気持ちもあります。日本代表はこれからもっと進化していくと思うので、見届けたいです。

決意表明みたいになってしまい申し訳ありません。言いたかったのは、人はいつでも変われるチャンスがあるということです。本を書くという体験を通じて、私のなかにも変化がありました。私は完璧な人間ではありません。むしろそうでないことを楽しめるようになりました。それが嬉しいです。デイビッドのお陰で人生が大きく変わりました。心から感謝します。

＊

最後に、この本に寄稿してくださったヘッドコーチ、選手のみなさま、私の文章をすべてチェックしてくれた元通訳の佐藤秀典氏、写真を提供してくださった齋藤龍太郎氏、カバーの写真をくれたケビン・ブース氏、出版に向けて尽力してくださったコンテンツビジネス部の将口真明氏、スポーツ局の山下剛司氏、悪文をチェックしてくださったマガジンハウスの武江浩企氏に、この場を借りてお礼申し上げます。

また、陰ながらサポートしてくれた家族に感謝いたします。最後にこの本を手に取ってくださった、すべての方へありがとうございます。

本の終わりは、田村優選手のワールドカップ終了直後のコメントで締めくくらせてください。

「運命は変えられるっていうか……、こういう人生になると思っていなかった。〈中略〉運命は決まっているっていうじゃないですか、でも選択はできる」

日本列島が一体となって盛り上がったラグビーワールドカップ、知られざるメンタルの成長の記録を皆さまと共有し、少しでも役立てることがガルブレイス氏と私の願いです。ガルブレイス氏の言葉のなかで、もし表現が不十分であったとするならば、それは訳を担当した私の力不足であり、ガルブレイス氏の問題ではないことをお断りさせていただきます。

坂間亮弘

参考文献

・Number(ナンバー)993・994「桜の告白。ラグビー日本代表冒険記2019」(文藝春秋)
・Number(ナンバー)1007「メンタル・バイブル2020」(文藝春秋)
・Number(ナンバー)1020「日本ラグビー 主将に学べ。」(文藝春秋)
・Number PLUS　完全保存版　ラグビーW杯2019 桜の証言(文藝春秋)
・『つなげる力 最高のチームに大切な13のこと』(ハーパーコリンズ・ジャパン)／ラファエレティモシー(著)
・『ONE TEAMはなぜ生まれたのか 世界と戦う力』(PHP新書)／藤井雄一郎(著)
・『あの感動と勇気が甦ってくる ラグビー日本代表ONE TEAMの軌跡』(講談社)／藤井雄一郎(著)、薮木宏之(著)、伊藤芳明(著・編)

インターネット

ラグビー専門WEBマガジンRUGBY　JAPAN365
SA Rugby magazine 電子版
Sky Sports rugby news

放送

日本テレビ「news every.　日本の強さの秘密」2019年10月14日放送
日本テレビ「news every.　選手たちの言葉」2019年10月21日放送
日本テレビ「news every.　快進撃の裏側」2019年12月26日放送

[著者略歴]

デイビッド・ガルブレイス

David Galbraith

ニュージーランドの臨床心理学者。2006 年からスポーツ心理学者としてアスリートや経営者のメンタル強化に携わっている。

■メンタルコーチとしてのおもな経歴……

ラグビー日本代表（2019 年～現職）、7 人制オールブラックス男子（2009 年～現職）、スーパーラグビー・チーフス / ハイランダーズ（2008 ～ 2019 年）/（2020 年～）、スーパーラグビー・ハイランダーズ（2020 年～）、オリンピックアスリートたち複数（北京、ロンドン、リオ）、チーフス優勝、ワールドカップセブンス優勝、複数のオリンピック金メダルに関与。2010 ～ 2020 年、ニュージーランド最優秀女子選手に輝いたキャリントン選手（カヌー、五輪 2 大会連続金メダル）のメンタルトレーニングにも携わっている。

[訳者・日本語執筆者略歴]

坂間亮弘

（さかま・あきひろ）

横浜市生まれ。アメリカの短大を卒業後、日本の 4 年制大学で生物学を学ぶ。
2006 年より日本テレビ報道局でディレクターとして働く。おもに夕方のニュース番組『news every.』特集コーナーを担当、事件や社会問題の取材を得意とする。

才能を解き放つ勝つメンタル
ラグビー日本代表コーチが教える「強い心」の作り方

2021年6月22日　第1刷発行

著　者　デイビッド・ガルブレイス

発行者　鉄尾周一

発行所　株式会社マガジンハウス
〒104-8003　東京都中央区銀座3-13-10
書籍編集部　☎03-3545-7030
受注センター　☎049-275-1811

印刷・製本所　大日本印刷株式会社

カバーデザイン／渡邊民人（TYPEFACE）
本文デザイン／清水真理子（TYPEFACE）
写　真／Kevin Booth（sportspix）、齋藤龍太郎（椿円銀河）、産経ビジュアル
図表制作／hachiii（Table Magazines）
出版プロデューサー／将口真明、飯田和弘（日本テレビ）

ISBN978-4-8387-3155-8 C0030

マガジンハウスのホームページ　https://magazineworld.jp/